MIX DICH SCHLANK

DANIELA & TOBIAS GRONAU

MIX DICH SCHLANK

ÜBER 75 LOW-CARB-REZEPTE FÜR DEN THERMOMIX®

Unabhängig recherchiert
FÜR TM5 UND TM31
Nicht vom Hersteller beeinflusst

südwest

Inhalt

Thermomix® hilft beim Abnehmen

Kennt Ihr das Gefühl, dass einen die ganze Arbeit und der Stress fast erschlägt? Und wisst Ihr, was die natürliche Reaktion auf Stress ist? Das ist die Kompensation mit schnell verfügbarem »Soulfood«. Leider sind dies in Stresssituationen aber meist Fast Food oder Fertiggerichte. Doch nicht mit uns! Denn dank des Thermomix® ist sichergestellt, dass auch in den turbulentesten Zeiten ein gesundes, leckeres Essen auf dem Tisch steht. Dank perfekter Funktionalität des Gerätes und einfach umzusetzender Rezepte. Mit Zutaten, die leicht verfügbar sind, sowie selbst gemacht, ohne lästige künstliche Zusätze und Zucker, am besten mit regionalen und saisonalen Zutaten. Nur Ihr bestimmt, was in Eurem Essen drin ist. Ihr ersetzt ungeliebte Zutaten einfach durch das, was dem Körper guttut und die Pfunde schmelzen lässt.

Vielseitiger Küchenhelfer

Während Ihr Euch um Euren Haushalt oder die Kinder kümmert, zaubert der Thermomix® das Essen, ganz einfach, fast wie von selbst! So fällt das Zerkleinern und Kochen im großen Mixtopf besonders leicht. Dank des durchgehenden Rührens brennt auch nichts an, wenn das Telefon klingelt oder die Kinder Eure ganze Aufmerksamkeit fordern. Die Temperatur wird vom integrierten Thermostat stabil gehalten und dank eingebautem Zeitmesser hört der Thermomix® mit dem Kochen auf, wenn das Essen fertig ist. Beim Zubereiten von Teig übernimmt die kraftvolle Teigknetstufe, in der die Mixtopfmesser im Intervallbetrieb links- und rechtsherum arbeiten, das Kneten für Euren Brot- bzw. Kuchenteig. Und für das kalorienarme Kochen ist das Dämpfen die optimale Zubereitungsform. Deshalb unser Geheimtipp für eine schlanke Linie: Dämpft Euer Essen im Varoma! Der Geschmack und die wertvollen Inhaltsstoffe Eurer guten Zutaten bleiben erhalten und, noch besser: Es ist kein Zusatz von Fett nötig! Am Rande notiert, aber nicht minder wichtig ist, dass unser Lieblingsküchenhelfer wenig Platz in der Küche benötigt, sodass auch in kleinsten Küchen noch genug Raum für alle weiteren Arbeitsschritte bleibt.

Warum »Mix Dich schlank«?

Ein »Mixessenz-Eisrezeptheft«, »Das große Mix-Kochbuch« und »Das große Mix-Backbuch« sind nicht spurlos an uns vorbeigegangen. Wenn man hauptberuflich mit so vielen Leckereien zu tun hat, kann man gar nicht so viel Sport machen, wie man probieren darf. Deshalb gibt es jetzt mehr von uns: »Tadaa! – Mix Dich schlank!«
Was wollen wir mit diesem Buch erreichen? Wir geben Euch Rezepte an die Hand, die zum Ausprobieren einladen, den Horizont in Richtung Low-Carb-Ernährung erweitern und Platz für zukünftige eigene Kreationen, mit neuen zu Beginn vielleicht noch unbekannten Zutaten, bieten. Dabei sollen diese Zutaten aber nicht allzu exotisch und überall verfügbar sein.

Wir sind keine Fans von Diätwahnsinn, der zusätzlichen Stress verursacht, frustriert und in einem Jo-Jo-Effekt endet. Freut Euch auf einen großen Einführungsteil zum Thema »Low-Carb«, den Dr. Regina Roßkopf, eine Spezialistin auf diesem Gebiet, verfasst hat, und auf über 75 abwechslungsreiche Rezepte, die zeigen, dass eine Gewichtsreduktion auch ohne Verzicht möglich ist und somit Lust auf eine langfristige und gesunde Ernährungsumstellung macht. Startet Euren Abnehmturbo mit Low-Carb!

Infos im Internet

Hilfreiche Tipps und Tricks rund um das Thema Kochen und Backen und eine eigene »Mix Dich schlank«-Kategorie mit Rezepten für den Thermomix® gibt es in unserem will-mixen.de-Online-Magazin. Dort findet sich auch qualitativ hochwertiges Zubehör für alle Thermomix®-Begeisterten für noch mehr Kochspaß sowie leckere Ideen und praktische Helferchen, passend zu unserem neuen Kochbuch! Schaut einfach mal rein, stöbert nach Lust und Laune und lasst Euch überraschen.

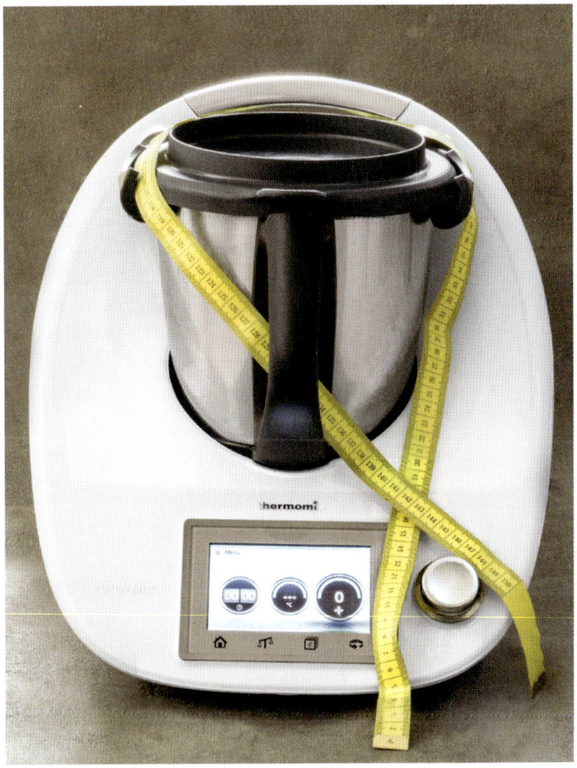

Wer auf die Figur achtet, findet in diesem Buch abwechslungsreiche Rezepte zum Schlemmen und Genießen.

Wie heißt es so schön?

Ran an den Speck: Lasst Euch von neuen und kreativen Rezeptideen, passend für jeden Anlass, inspirieren und erlebt, wie Ihr mit Eurem Küchenhelfer zukünftig sinnlose und leere Kalorien einsparen könnt! Wir stehen für ausgiebig getestete Low-Carb-Köstlichkeiten zu jedem Anlass. Jetzt halten wir Euch nicht länger auf – wir wünschen viel Freude beim Entdecken und Schmecken.

Kampf den Carbs!

Daniela & Tobias Gronau

BEWUSST ESSEN MIT

LOW CARB

HIGH FAT

Schlank sein

Schlank sein – wollen wir das nicht alle? Es entspricht dem derzeit vorherrschenden Schönheitsideal, einen schlanken, am besten auch noch durchtrainierten Körper zu haben. Dies wird uns in allen Medien – seien es die vielen Frauen- oder Fitnessmagazine oder diverse Formate im Fernsehen, in denen Topmodels gesucht werden – vorgelebt. Überall wimmelt es von schönen, jungen Menschen mit nahezu perfekten Körpermaßen. Aber wie sieht es mit uns »normalen« Menschen aus? Häufig sind wir mehr oder weniger weit entfernt von diesen perfekten Maßen. Tatsache ist, dass die meisten von uns ein paar oder auch einige mehr Kilos zu viel auf die Waage bringen. Das führt nicht nur dazu, dass der Hosenbund zwickt und wir uns deshalb gelegentlich unglücklich fühlen. Langfristig kann dieses Übergewicht auch mehr oder weniger gravierende gesundheitliche Folgen wie Probleme mit den Gelenken, Herz-Kreislauf-Erkrankungen oder Typ-2-Diabetes begünstigen.

Im Dschungel der Empfehlungen

Um diesem Problem zu begegnen, wimmeln die bereits erwähnten Medien geradezu von Empfehlungen für Diäten, um das Körpergewicht zu reduzieren. Pünktlich jedes Jahr nach den Weihnachtsfeiertagen werden wir mit Vorschlägen für die beste Methode zum Erreichen der optimalen Bikinifigur traktiert. Viele von uns haben schon diverse Diäten ausprobiert, um ihr Gewicht in den Griff zu bekommen. Meist bringen diese, je nachdem wie konsequent die Vorschriften eingehalten werden, einen mehr oder weniger guten Erfolg. Allerdings machen viele auch die Erfahrung, dass dieser Erfolg nur von kurzer Dauer ist. Ein paar Wochen, nachdem die Diät beendet wurde und man überglücklich über die wiedergewonnene schlanke Figur ist, stellt man fest, dass die Waage schon wieder das »alte« Gewicht, wenn nicht sogar noch ein paar Kilos mehr, anzeigt. Dieser Jo-Jo-Effekt ist vielen leider nur allzu gut bekannt. Die Ursachen liegen häufig darin, dass man sich nach Beendigung der Diät mit Heißhunger auf die Lebensmittel stürzt, auf die man verzichtet hat, oder dass Gerichte, die während der Diät »erlaubt« sind, nicht richtig schmackhaft sind und auf Dauer keinen Spaß machen.

Mit Verstand agieren

Wie kann man im »Diäten-Dschungel« aus Fasten, Trennkost, Formula-, Eiweiß- oder Paleo-Diät usw. eine wirklich passende und auch auf Dauer wirksame Methode finden, sein Körpergewicht nicht nur zu senken, sondern auch dauerhaft auf einem niedrigeren Niveau zu halten? Am besten wäre es, wenn das Essen dann auch noch gesund ist und gut schmeckt. Das scheint ein schier unmögliches Unterfangen zu sein. Doch es gibt einen Ausweg – eine ausgewogene und individuell angepasste Low-Carb-High-Fat-Ernährungsweise (LCHF).

Auf den Körper abgestimmt

Als »ausgewogen« bezeichnet man eine Ernährungsweise immer dann, wenn alle Nährstoffe, die der menschliche Körper benötigt, in ausreichender Form in der aufgenommenen Nahrung vorhanden sind. Man unterscheidet dabei die sogenannten Makronährstoffe wie Kohlenhydrate, Fette und Eiweiß, die mengenmäßig den größten Anteil unserer Nahrung ausmachen, und die Mikronährstoffe wie Vitamine, Mineralstoffe und Spurenelemente. Besondere Bedeutung haben zudem verschiedene Nährstoffe, die im menschlichen Organismus nicht hergestellt werden können. Sie müssen unbedingt über die Nahrung aufgenommen werden. Das betrifft nicht nur verschiedene Vitamine, sondern vor allem jene Eiweißbausteine, die »essenzielle Aminosäuren« genannt werden, sowie bestimmte Arten von Fetten, die den Beinamen »ungesättigt« tragen. Grundsätzlich sollte also bei jeder Ernährungsweise darauf geachtet werden, dass all die notwendigen Bestandteile in ausreichender Menge in der Nahrung vorhanden sind, da es bei einseitiger Ernährung zu Mangelerscheinungen kommen kann.

Die Low-Carb-High-Fat-Ernährung kann individuell auf die eigenen Bedürfnisse abgestimmt werden.

Jede Person ist anders und isst anders

Es gibt keine Ernährungsweise, die für alle Menschen in gleicher Weise passend ist. So unterschiedlich wir auf allen Kontinenten der Welt in Aussehen und Charakter sind, so unterschiedlich funktioniert auch unser Organismus. Es gibt beneidenswerte Menschen, die ihr Leben lang quasi essen können, wonach ihnen der Sinn steht, ohne dabei wesentlich an Gewicht zuzunehmen. Wohingegen andere ein Stück Kuchen nur »ansehen« müssen, damit es gefühlt schon als Fettpolster auf ihren Hüften sitzt. Daneben bestehen unterschiedliche Vorlieben hinsichtlich der Lebensmittel, die wir zu uns nehmen. Der eine mag keine Tomaten, der andere keine Zucchini, manche von uns ernähren sich vegetarisch, andere schwören auf ein gutes Stück Fleisch usw. Auch Nahrungsmittelallergien oder -unverträglichkeiten spielen eine Rolle. Den Sportbegeisterten, die sich täglich Zeit für sportliche Aktivitäten nehmen, stehen die Leseratten gegenüber, die jede freie Minute mit einem Buch auf der Couch liegen. Die gewählte Ernährungsweise muss sich auch an den jeweiligen Tagesablauf und die individuelle Familiensituation anpassen lassen.

Wie ein Puzzle

All diese Aspekte müssen berücksichtigt werden, wenn man sich eine Ernährungsweise zusammenstellt, die zum gewünschten Erfolg führen soll. Im Grunde geht es darum, eine Art Puzzle zu erstellen, in dem alle diese Forderungen mehr oder weniger erfüllt werden. Nur so kann man langfristig Erfolg beim Abnehmen haben, denn es gilt, eine gesündere Lebensweise zu entwickeln und sie dann auch beizubehalten.

Nüsse, Samen, Lachs, Avocado und kalt gepresstes Öl in Maßen sind gute Energiespender, die lange satt machen.

Low Carb High Fat

Was soll man sich unter einer »ausgewogenen und individuell angepassten Ernährungsweise« eigentlich vorstellen? Wörtlich übersetzt bedeutet »Low Carb High Fat« wenig Kohlenhydrate und viel Fett. Dies erscheint auf den ersten Blick erstaunlich, wenn es darum geht, Gewicht zu reduzieren. Bisher hieß es doch immer: »möglichst wenig Fett«, da in Fett ja bekanntlich jede Menge Energie steckt. Die Regale in den Supermärkten quellen geradezu über von Lebensmitteln, die fettreduziert bis nahezu fettfrei sind. Wieso jetzt diese Kehrtwende?

Auswirkungen beachten

Untersuchungen haben gezeigt, dass allen Versuchen zum Trotz, die Zunahme des Körpergewichts mithilfe fettreduzierter Lebensmittel zu drosseln, die Anzahl der übergewichtigen Personen in unserer Gesellschaft immer weiter zunimmt. An der Aufnahme von Fett allein kann es also vermutlich nicht liegen. Andererseits hat in den vergangenen Jahren eine Entwicklung eingesetzt, die uns alle sehr nachdenklich stimmen sollte – die erschreckend hohe Zahl an Altersdiabetesfällen (Typ-2-Diabetes) gerade auch bei jüngeren Menschen. Dieser Diabetes ist häufig auf falsche Ernährung, vor allem mit zu vielen Kohlenhydraten, zurückzuführen. Wenn wir aber die Menge an Kohlenhydraten deutlich bis drastisch reduzieren müssen, muss die fehlende Energie auf andere, gesündere Weise über Fett in unseren Körper gelangen. Was wir dabei beachten müssen, sind verschiedene Abläufe in unserem Körper, die wir uns nun etwas genauer betrachten wollen.

Makronährstoffe

Um die Stoffwechselabläufe nach der Nahrungsaufnahme zu verstehen, schauen wir uns zunächst den Energiegehalt pro Gramm aller Makronährstoffe – Kohlenhydrate, Fett und Eiweiß – an. Im folgenden Kasten ist dabei auch gleich Alkohol mitaufgeführt, da seine Aufnahme auch in der Energiebilanz zum Ausdruck kommt.

Energiegehalt der Makronährstoffe & des Alkohols

Nährstoff	ca. kcal pro Gramm	ca. kJ pro Gramm
Fett	9	39
Protein	4	17
Kohlenhydrate	4	17
Alkohol	7	30

Kohlenhydrate

Pflanzen sind in der Natur von allergrößter Bedeutung, denn nur sie sind dank ihres grünen Farbstoffes Chlorophyll in der Lage, bei Anwesenheit von Sonnenlicht aus Wasser und Kohlendioxid den Energiespeicher Zucker sowie – als positiven Nebeneffekt – Sauerstoff zu bilden. Damit beginnt die Ernährungskette. Diese einzelnen Zuckerbausteine können zu unterschiedlich langen Ketten zusammengesetzt und umgeformt werden. So entsteht etwa bei Aneinanderreihung von mehreren Glukose(Traubenzucker)-Molekülen jene Stärke, die uns in Kartoffeln und Nudeln begegnet.

Verschiedene Arten Natürlich vorkommende Kohlenhydrate sind in erster Linie langkettige, oft verzweigte Zuckermoleküle (Polysaccharide), aus denen pflanzliches Material besteht. Für den menschlichen Körper ist dabei im Wesentlichen nur die Stärke verwertbar. Die restlichen Verbindungen, die der menschliche Verdauungsapparat nicht verwerten kann, werden unter dem Begriff Ballaststoffe zusammengefasst. Diese Ballaststoffe sind aber bei Weitem nicht nur unnötiger »Ballast«. Vielmehr sind sie sehr wichtig für eine optimale Funktion sowohl unserer Verdauung als auch unseres Stoffwechsels.

Unter den natürlich vorkommenden Zweifachzuckern ist vor allem Milchzucker (Laktose) interessant, der in unterschiedlichen Konzentrationen in der Milch von Mensch (ca. 7,1 Prozent) und Säugetieren (z. B. Kuh 4,6 Prozent) vorkommt. Malzzucker (Maltose) hingegen entsteht beim Keimen von Getreide und findet sich z. B. in Brot und Bier. Als natürlich vorkommende Einfachzucker finden wir Traubenzucker (Glukose) und Fruchtzucker (Fruktose) z. B. in Früchten, Gemüse und Honig. Der allseits bekannte Haushaltszucker besteht aus Zweifachzuckern (eine Verbindung aus Glukose und Fruktose).

Verdauung der Kohlenhydrate Werden Kohlenhydrate wie Stärke oder Zucker über die Nahrung aufgenommen, müssen sie im Dünndarm erst einmal verdaut werden. Die langen Stärkemoleküle müssen in einem etwas zeit- und energieaufwendigen Prozess wieder in einzelne Traubenzuckermoleküle aufgetrennt werden. Diese können dann über die Darmwand aufgenommen werden und gelangen über das Blut zur Leber. Befindet sich die Stärke, wie es z. B. bei Vollkorngetreide der Fall ist, außerdem noch in Gesellschaft von Ballaststoffen, geschieht dieser Prozess sehr langsam, der Traubenzucker wird nur nach und nach freigesetzt und gelangt in kleinen Portionen zur Leber. Traubenzucker pur, Fruchtzucker oder Haushaltszucker dagegen können sehr einfach verdaut werden und gelangen so sehr schnell zur Leber. Werden sehr süße oder stärkehaltige Lebensmittel ohne Ballaststoffe wie Nudeln aus weißem Mehl aufgenommen, dann kommt innerhalb kurzer Zeit eine große Menge Zucker auf unsere Leber zu.

Wofür benötigen wir eigentlich Kohlenhydrate? Zuckermoleküle sind an vielen verschiedenen Verbindungen (z. B. Moleküle, die die Blutgruppe bestimmen) in unserem Körper beteiligt. In erster Linie dienen Kohlenhydrate jedoch der Energiegewinnung. Traubenzucker kann in sogenannte Speichermoleküle (Glykogen) umgewandelt werden. Dieser Energiespeicher des Körpers befindet sich zu einem Drittel in der Leber sowie zu zwei Dritteln in den Muskelzellen und wird für die schnelle Energielieferung genutzt. Die darin enthaltenen ca. 300 bis 500 Gramm Glykogen entsprechen ungefähr 1200 bis 2000 Kilokalorien (1 Gramm Traubenzucker enthält ca. 4 Kilokalorien) und können somit für etwa 12 bis 24 Stunden ausreichend Energie liefern.

Regulation des Blutzuckerspiegels

Über den Glykogenspeicher in der Leber wird vor allem der Blutzuckerspiegel ausgeglichen. Der Blutzuckerspiegel muss also stets in sehr engen Grenzen gehalten werden. Ein zu niedriger Wert führt dazu, dass manche Organe nicht mehr ausreichend mit Energie versorgt werden. Besonders sensibel reagiert das Gehirn, da es in erster Linie Traubenzucker als Energielieferant verwendet und zudem keinerlei eigene Reserven einlagern kann. Ein zu hoher Blutzuckerwert führt zur Ausscheidung von Zucker über die Nieren und kann bei längerem Bestehen zu einer schweren Erkrankung (Typ-2-Diabetes) führen.

Insulin und Glucagon Das für unseren Körper bedeutendste und mengenmäßig am meisten anfallende Mitglied aus der Kohlenhydratfamilie stellt der Traubenzucker (Glukose) dar. Da unser Körper sehr empfindlich auf stärkere Schwankungen des Blutzuckerwerts reagiert, gibt es dafür auch einen sehr ausgefeilten Regulationsmechanismus. Das

Glykogenspeicher

Der Glykogenspeicher wird bei den sogenannten Blitzdiäten geleert, die einen Gewichtsverlust von 2 Kilogramm innerhalb von Tagen versprechen. Allerdings beruht der Gewichtsverlust hier auf dem mit dem Glykogenabbau einhergehenden Wasserverlust, da mit Glykogen immer auch ca. 2 Liter Wasser gespeichert werden, die beim Glykogenabbau über die Nieren ausgeschieden werden. Sobald die Diät vorüber ist, werden die Glykogenspeicher wieder aufgefüllt und schon sind auch die 2 Kilogramm Wasser wieder auf der Waage sichtbar.

Steuerung des Kohlenhydrat- und Fettstoffwechsels

Anhand des Schaubilds kann man erkennen, dass hohe Zuckeraufnahmen problematisch sind, da sie hohe Insulinausschüttungen zur Folge haben, die wiederum für die Neubildung von Fett aus Traubenzucker verantwortlich sind. Dagegen führen niedrige Blutzuckerwerte zum Abbau von Fett.

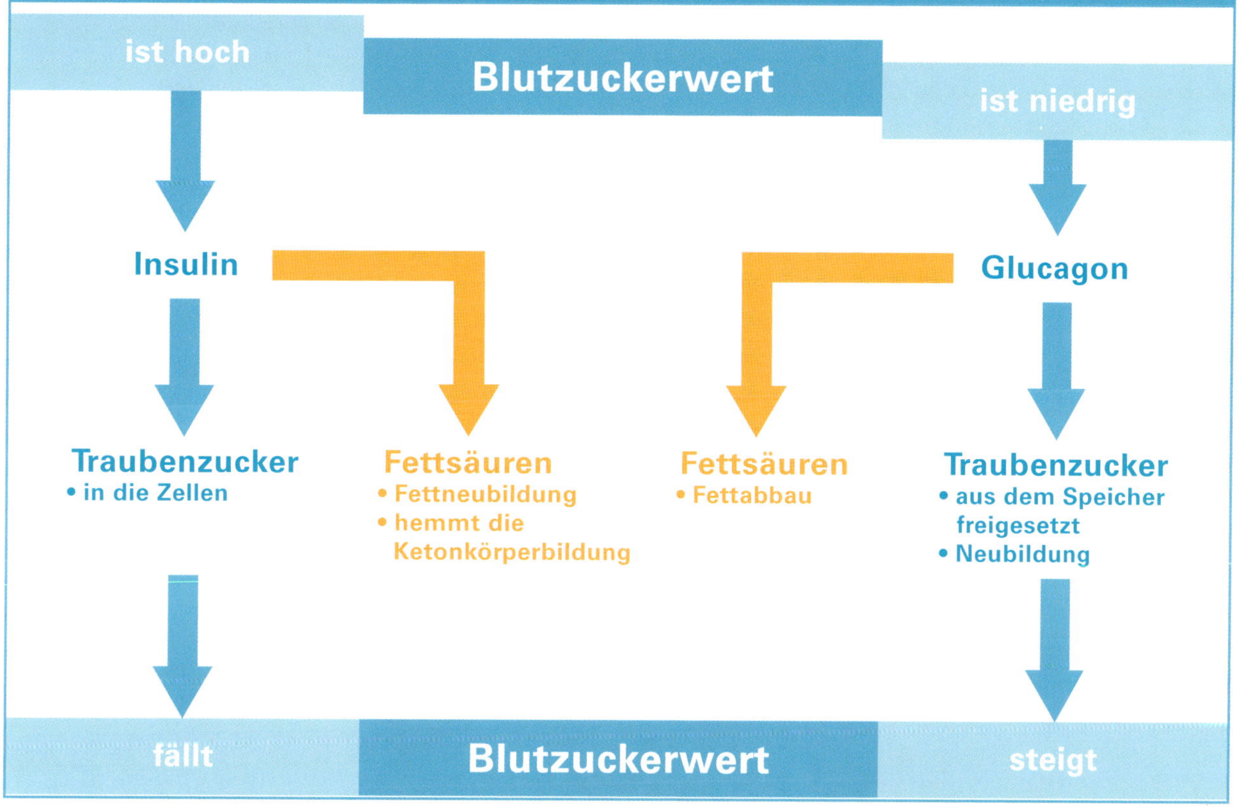

wichtigste Steuerungsmittel für den Traubenzuckerstoffwechsel ist das Hormon Insulin, das in der Bauchspeicheldrüse gebildet wird. Insulin wird freigesetzt, sobald sich die Blutzuckerkonzentration erhöht. Es sorgt dann dafür, dass die Zellwände z. B. in der Leber und in den Muskeln durchlässiger für die Traubenzuckermoleküle werden und so die Blutzuckerwerte wieder sinken. In den Zellen wird der Traubenzucker abgebaut und dadurch Energie gewonnen. Außerdem wird die Neubildung von Fett aus Zuckermolekülen angekurbelt, um diese aus dem Weg zu schaffen. Je größer die aufgenommene Zuckermenge ist, und je schneller sie aufgenommen wird, desto höher ist die Insulinmenge, die benötigt wird. Ist sehr viel Insulin vorhanden, kann das auch dazu führen, dass der Blutzuckerwert kurzfristig unter den Normalwert sinkt. Ist der Blutzuckerwert niedrig, sorgt das Hormon Glucagon dafür, dass Zuckerreserven abgebaut werden und Traubenzucker in der Leber neu gebildet wird. Der Traubenzucker aus der Leber wird ins Blut freigesetzt und der Blutzuckerwert normalisiert sich wieder.

Fruchtzucker (Fruktose) kann nur von der Leber verwertet werden. Dort kann er entweder ähnlich wie Traubenzucker (Glukose) zur Energiegewinnung abgebaut werden oder er wird in den Fettaufbau eingeschleust. Der Fruchtzuckerstoffwechsel wird nicht von Insulin gesteuert. Fruchtzucker spielte entwicklungsgeschichtlich keine große Rolle hinsichtlich der Gesamtkohlenhydratmenge, da diese Zuckerart natürlicherweise in größeren Mengen nur in süßen Früchten und Honig vorkommt. Deshalb bestand wohl auch zu keiner Zeit die Notwendigkeit dafür, eine komplexe Regulation zu entwickeln.

Warum den Zuckerkonsum begrenzen?

Zu Zeiten unserer jagenden und sammelnden Vorväter standen Kohlenhydrate nur in eingeschränkter Menge zur Verfügung. Man deckte seinen Energiebedarf hauptsächlich über Fette und Eiweiße aus tierischen Produkten und aß daneben noch Beeren, Früchte und Wurzeln. Noch heutzutage gibt es vereinzelt Nomadenkulturen wie Massai oder Inuit, die

Zugesetzter Zucker hat in einer gesunden Ernährung nichts zu suchen. Er macht krank und fordert unseren Stoffwechsel zu Höchstleistungen heraus. Typ-2-Diabetes kann die Folge sein.

diese kohlenhydratarme und dabei fettreiche Ernährung praktizieren. Durch die Entwicklung des Ackerbaus, speziell des Anbaus von Getreide und der Einführung der Kartoffel, wurden stärkehaltige Lebensmittel immer leichter verfügbar. Heutzutage sind derartige Lebensmittel wichtiger Teil der täglichen Ernährung und finden sich als sogenannte »Sättigungsbeilage« so ziemlich auf jedem Teller wieder.

Im Mittelalter hat der Haushaltszucker seinen Siegeszug in Europa angetreten, wobei er damals in Übersee aus Zuckerrohr gewonnen wurde und noch sehr teuer war. Im 18. Jahrhundert entwickelte sich dann die auch heute noch gebräuchliche Gewinnung von Haushaltszucker aus Zuckerrüben, die auch in Europa angebaut werden konnten. Damit wurde Zucker der Allgemeinheit zugänglich. Derzeit beläuft sich die täglich verzehrte Menge an Haushaltszucker auf etwa 100 Gramm/Tag – im Vergleich dazu waren es im Jahr 1850 etwa 7 Gramm/Tag.

Tägliche Zuckeraufnahme Viele werden sich jetzt fragen »Wie kommt diese große Menge an Zucker eigentlich in meinen Körper?« Denn man nimmt doch höchstens 1 Teelöffel Zucker morgens in den Kaffee oder Tee. Die Antwort sind die vielen Fertigprodukte, die die Menschen in den Industrieländern heutzutage im Laufe eines Tages konsumieren. Angefangen von der Marmelade zum Frühstück, über die Limonade oder Cola zwischendrin oder zum Mittagessen bis hin zu den paar Gummibärchen oder dem Schokoriegel am Abend.

Zuckergehalt beliebter Lebensmittel

Lebensmittel	Zuckergehalt g/100 g	Portionsgröße g bzw. ml	entspricht wie viel Stück Würfelzucker à 3 g
Fruchtjoghurt	9–18	150 g	4,5–9
Coca-Cola	10,5	200 ml	7
Eistee	8	200 ml	5
Choco Crispies	38	30 g	4
Früchtemüsli	ca. 20	50 g	3
Müsliriegel Schoko	36	25 g	3
Schokoriegel	64	51 g	12
Milchschokolade	56	20 g	4
Tomaten-Ketchup	20–30	15 g = 1 Esslöffel	1

Da die von der Weltgesundheitsorganisation (WHO) empfohlene Verzehrmenge für freien Zucker (alle Zuckerstoffe, die Speisen und Getränken zugesetzt werden, sowie Zucker, der natürlicherweise in Honig, Sirup, Fruchtsäften und Fruchtsaftkonzentraten vorkommt) bei 25 Gramm/Tag bis maximal 50 Gramm/Tag liegt, lohnt sich ein genauer Blick auf die Zutatenliste.

Achtung bei Fruchtzucker

Hört man das Wort Fruchtzucker (Fruktose), läuft im Kopf eine Gedankenfolge ab: Fruchtzucker = Obst = Vitamine = gesund. Leider ist dem nicht unbedingt so. Der Fruchtzucker, der sich gut verpackt in frischem Obst befindet, ist an sich kein Problem, da er sich in Begleitung von Ballaststoffen befindet, die die Verdauung verlangsamen. Allerdings beinhalten einige Arten durchaus nennenswerte Mengen, z. B. Trauben und Birnen (7 Gramm/100 Gramm) sowie Äpfel und Süßkirschen (6 Gramm/100 Gramm). Problematischer ist da schon verarbeitetes Obst wie z. B. Trockenfrüchte, Säfte oder die derzeit so beliebten Frucht-Smoothies, die auf 1 Portion (250 Milliliter) locker 25 Gramm Fruchtzucker beinhalten können, was schon der Tagesmenge der WHO-Empfehlung entspricht. Außerdem werden sie häufig als Getränk gesehen und nicht in der Gesamtenergiemenge berücksichtigt. Mit ihrer erheblichen Kalorienmenge sind Smoothies eher als flüssige Mahlzeiten zu bewerten.

Vorsicht bei Sirup

Im Zusammenhang mit Fruchtzucker tut sich noch ein weit größeres Problem auf. Denn in der Lebensmittelindustrie werden zunehmend verschiedene industriell aus Mais- oder Weizenstärke hergestellte Zuckersiruparten zur Fertigung von Lebensmitteln verwendet. Dabei gibt es verschiedene Arten, wie der folgende Kasten zeigt:

Sirupart	Anteil an Fruktose
Glukosesirup	< 5 %
Glukose-Fruktose-Sirup	< 50 %
Fruktose-Glukose-Sirup	> 50 %
Fruktosesirup	> 95 %

Achtung: Auf den Verpackungen der Lebensmittel taucht Glukose-Fruktose-Sirup auch als Isoglukose oder Maissirup auf. Auch High Fructose Corn Sirup, Isomerzucker, Isomerose oder E-Isoglucose sind industriell produzierte Zucker.

In Deutschland finden derzeit hauptsächlich Glukosesirup und Glukose-Fruktose-Sirup bei der Herstellung von Erfrischungsgetränken und Fertigprodukten Verwendung. Sie sind zwar kennzeichnungspflichtig, dennoch ist es für den Verbraucher kaum mehr zu erkennen, wie viel Zucker denn nun wirklich in einem Produkt ist. Und da Fruchtzucker als Einfachzucker sofort über die Dünndarmwand ins Blut aufgenommen wird, flutet innerhalb kurzer Zeit nach dem Essen bzw. Trinken eine Welle an Fruchtzucker auf die Leber zu – was durchaus über 40 Gramm pro Tag ausmachen kann. Da Fruchtzucker nur in der Leber verarbeitet werden kann, wird diese sofort versuchen, der Fruchtzuckermenge Herr zu werden. Ein Teil wird wie Traubenzucker zur Energiegewinnung abgebaut. Der Rest wird in die Neubildung von Fett abgeschoben. Dieses Fett wird nicht nur in den Fettpolstern gelagert, sondern kann über Fetttröpfchen auch direkt in der Leber und Bauchspeicheldrüse eingelagert werden und langfristig zu deren Verfettung führen. D. h. kurz gesagt, wenn wir hohe Mengen an Fruktose zu uns nehmen, laufen wir Gefahr, nicht nur Fettpolster anzusammeln, sondern auch eine Fettleber auszubilden.

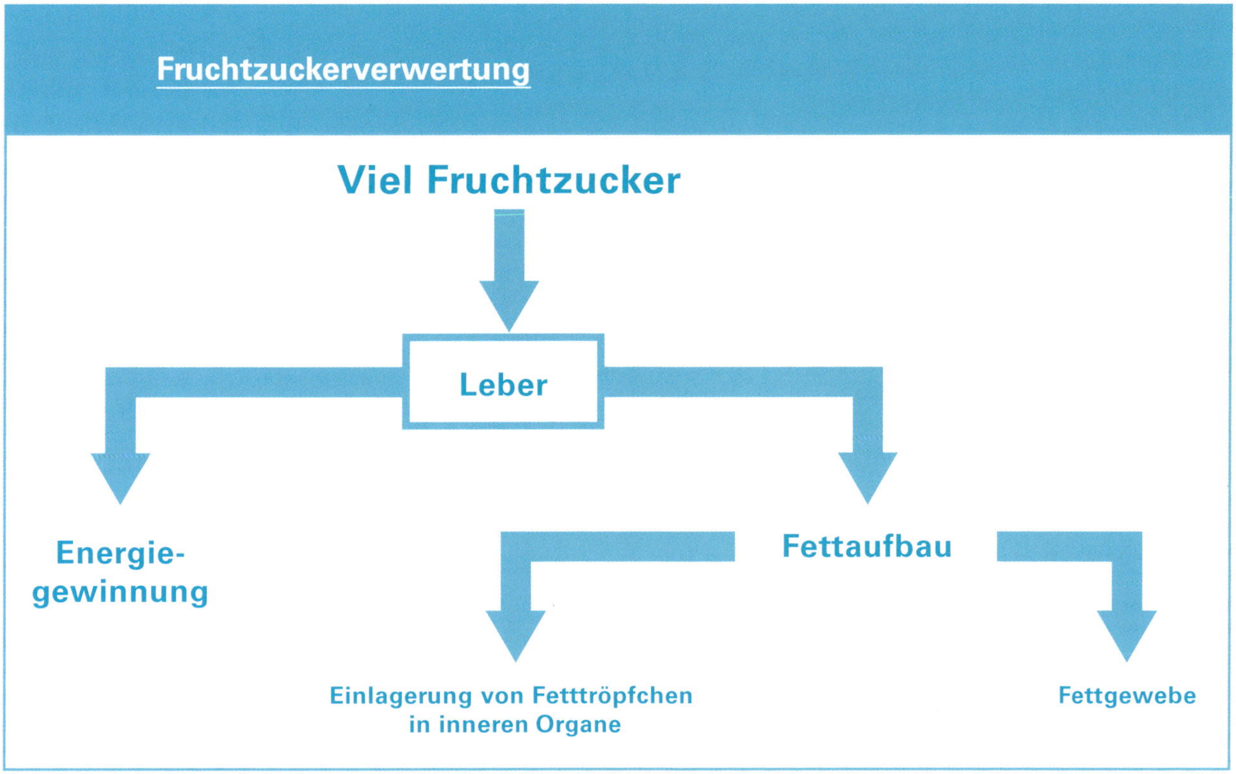

Stärke

Stärke ist an sich ein guter Energielieferant. Allerdings haben wir es uns in unserer modernen Ernährung angewöhnt, viele stärkehaltige Produkte mit einem hohen Verarbeitungsgrad zu verzehren. Nehmen wir z. B. Weizen. Wird das volle Weizenkorn mit Keimling und Schalenanteilen verarbeitet, entsteht das sogenannte Vollkornmehl, das neben der Stärke noch viele Ballaststoffe, Mineralstoffe, Vitamine und Eiweiße enthält. Auf der anderen Seite steht das hochverarbeitete Weizenmehl Type 405, bei dessen Herstellung nur der sogenannte Mehlkörper verwendet wird. Er liefert eigentlich nur Stärke und Klebereiweiß (vielen auch als Gluten bekannt und manchmal auch der Grund für Verdauungsprobleme, die dann als Zöliakie bezeichnet werden). Der wertvolle Rest des Getreidekorns – Schalenanteile und Keimling – werden dann als Kleie bezeichnet und anderweitig verwertet. Ähnlich sieht es bei Reis aus. Naturreis oder Vollkornreis enthält neben dem stärkehaltigen Mehlkörper noch den Keimling und das Silberhäutchen mit Vitaminen, Mineral- und Ballaststoffen. Werden Keimling und Silberhäutchen abgeschliffen, bleibt der weiße Reis übrig. Die fehlenden Ballaststoffe führen dazu, dass die Stärke im Verdauungstrakt unkompliziert zu Traubenzucker abgebaut wird. Da dieser sehr schnell ins Blut aufgenommen wird und die Blutzuckerwerte erhöht, führt dies wieder zu einer hohen Insulinausschüttung. Das bedeutet dann sehr schnell die Neubildung von Fett.
Insgesamt konsumieren wir zu viele kohlenhydratreiche Lebensmittel. Das führt langfristig zu Übergewicht und gravierenden gesundheitlichen Problemen wie Typ-2-Diabetes.

Typ-2-Diabetes

Typ-2-Diabetes ist eine erworbene Unempfindlichkeit der Zellen gegenüber Insulin. Werden über Jahre hinweg hohe Mengen an Traubenzucker und leicht verfügbaren Kohlenhydraten aufgenommen, wird der Körper zu teilweise heftigen Insulinreaktionen gezwungen, um den Blutzuckerspiegel konstant zu halten. Dies kann irgendwann zu einer Verfettung der inneren Organe und einer Abstumpfung der Körperzellen gegen Insulin führen. Die langfristige Folge kann ein metabolisches Syndrom mit gestörten Blutzuckerwerten, Übergewicht, Bluthochdruck und Störungen im Fettstoffwechsel sein, das dann irgendwann zu einem Typ-2-Diabetes führt. In Deutschland rechnet man damit, dass derzeit bei ca. 25 Prozent der Bevölkerung, also bei jedem viertem Deutschen, ein metabolisches Syndrom vorliegt. Häufig sind dabei über 60-Jährige betroffen. In zunehmendem Maß aber auch jüngere Menschen im Alter zwischen 35 und 40 Jahren.

Fette

Fette kommen in vielen sehr unterschiedlichen Lebensmitteln wie Fleisch, Fisch, Nüssen, Eiern und Samen vor. In unserem Verdauungsapparat müssen sie ähnlich wie die Kohlenhydrate erst einmal aufgespalten werden. Die so entstandenen Fettsäuren gelangen über die Darmwand in unseren Körper und werden in die Leber transportiert. Der Verdauungsvorgang dauert hier einige Zeit, weswegen fettreiche Nahrung auch länger sättigt. Fett ist ein perfekter Energieträger und -speicher – 1 Gramm Fett entspricht etwa 9 Kilokalorien – und hat damit mehr als doppelt so viel Energie wie 1 Gramm Kohlenhydrate.

Gesättigte und ungesättigte Fettsäuren

Man unterscheidet gesättigte und ungesättigte Fettsäuren. Der Unterschied in der chemischen Molekülkette liegt darin, dass bei den ungesättigten Fettsäuren zwischen zwei Kohlenstoffatomen eine Doppelbindung vorliegt, d. h. dass an dieser Stelle zwei Wasserstoffatome abgezogen wurden, wohingegen bei gesättigten Fettsäuren zwischen allen Kohlenstoffatomen Einzelbindungen liegen. Die meisten Fettsäuren müssen nicht zwingend mit der Nahrung aufgenommen werden, denn sie können vom menschlichen Stoffwechsel selbst hergestellt werden. Lediglich die mehrfach ungesättigten Fettsäuren können nicht im menschlichen Organismus gebildet werden. Sie müssen über die Nahrung aufgenommen werden und werden deshalb als essenziell bezeichnet. Es handelt sich dabei in erster Linie um Linolsäure und Linolensäure. Sie begegnen uns immer wieder als sogenannte Omega-3- bzw. Omega-6-Fettsäuren auf vielen Lebensmittelverpackungen. Sie sind für den menschlichen Körper enorm wichtig, denn sie dienen als Ausgangsstoff für die Bildung komplexer Verbindungen, die für Entzündungsreaktion bzw. Entzündungshemmung, Immunantwort, Blutdruckregulation usw. verantwortlich sind.

Fettsäuren können entweder zur Energiegewinnung komplett oder bis auf eine Zwischenstufe – die sogenannten Ketonkörper – abgebaut werden.

Ketonkörper

Ketonkörper spielen in der LCHF-Ernährungsweise eine ganz besondere Rolle. Wenn größere Mengen an Fettsäuren in der Leber abgebaut werden, entstehen Ketonkörper. Sie stellen eine Art Transportform für eine Zwischenstufe bei der Energiegewinnung dar und werden von den Leberzellen abgegeben. Muskeln, aber auch das Gehirn, können diese Ketonkörper aufnehmen und zur Energiegewinnung nutzen. Normalerweise ist unser Körper daran gewöhnt, dass Traubenzucker immer in ausreichender Menge als Energielieferant zur Verfügung steht. Wenn wir unsere Ernährung aber auf ein sehr niedriges Kohlenhydratlevel bei gleichzeitiger Kalorienreduktion einstellen, dann wird unser Körper gezwungen, sich alternative Energielieferanten zu erschließen. Er greift auf unsere Fettpolster zurück und es werden größere Mengen Fettsäuren abgebaut – unsere Fettpolster schmelzen. Allerdings benötigt der Stoffwechsel für eine derartige Umstellung auf eine ketogene Stoffwechsellage immer etwas Zeit, da auch die erforderlichen Enzyme usw. erst in entsprechender Anzahl gebildet und bereitgestellt werden müssen. D. h. dieser Prozess kann einige Tage bis zwei Wochen in Anspruch nehmen und hängt von den individuellen Gegebenheiten ab. In der Umstellungsphase auf eine erwünschte ketogene Stoffwechsellage kann es zu Verstopfungen, Übelkeit und Mundgeruch kommen, die sich aber nach der Anpassungsphase wieder legen. Außerdem können sich verschiedene Blutwerte verändern. Diese Veränderungen sollten sich aber ebenfalls nach einer individuell unterschiedlich langen Zeit normalisieren.

Die Bildung von Ketonkörpern wird von Insulin reguliert. Es kann verschiedene Enzyme, die für die Bildung von Ketonkörpern verantwortlich sind, hemmen. Dies bedeutet in der Folge, dass die Energiegewinnung aus Ketonkörpern zum Erliegen kommt. Um die Bildung von Ketonkörpern anzuregen, muss also über den Verzicht auf Kohlenhydrate die Insulinausschüttung möglichst niedrig gehalten werden.

Übrigens: Nur sehr wenige Zellen des menschlichen Körpers können keine Ketonkörper verwerten, dazu zählen die Zellen der Augenlinse und die roten Blutkörperchen (Erythrozyten).

trans-Fettsäuren

Ein spezielles Problem stellen sogenannte trans-Fettsäuren dar. Die Wasserstoffatome an den Doppelbindungen ungesättigter Fettsäuren können in zwei verschiedenen Positionen vorliegen. Dabei bedeutet die sogenannte cis-Stellung, dass beide Wasserstoffatome auf der gleichen Seite liegen. Die trans-Stellung bedeutet, dass sie sich

Avocados bieten ein hochwertiges Fettsäureprofil. Gut ausgereift sind sie ein Genuss.

gegenüberliegen. Das hört sich zwar nach einer Kleinigkeit an, führt aber dazu, dass diese Fettsäuren von unserem Körper nicht mehr genutzt werden können. Darüber hinaus werden sie verdächtigt, den normalen Fettstoffwechsel zu stören, Cholesterinwerte zu verschlechtern und Blutgefäße zu schädigen. Sie gelten sogar als einer der Risikofaktoren für Herzerkrankungen. Sie entstehen vor allem bei der unvollständigen Härtung von Fetten (darunter versteht man das Aufbrechen der Doppelbindungen) oder bei der Erhitzung teilgehärteter Fette z. B. beim Frittieren oder Backen.

Worauf beim Abnehmen achten?

Wenn man Gewicht reduzieren möchte, dann ist natürlich in erster Linie der hohe Energiegehalt der Fette schwierig. Eine übermäßige Aufnahme an Fetten kann nicht zum Abbau von Fettpolstern führen. Achten sollte man auf die ausreichende Aufnahme essenzieller Fettsäuren. Gute Quellen für Linolsäure sind fette Salzwasserfische, wie Lachs, Hering oder Makrele, sowie Walnusskerne und Leinsamen. Linolensäure ist z. B. in Rapsöl, Leinöl oder Walnussöl enthalten. Fettreiche Lebensmittel sollten nicht unüberlegt konsumiert werden. Allerdings enthalten sie viele wertvolle Bestandteile und können ein lang anhaltendes Sättigungsgefühl vermitteln.

Aus Leinsamen kalt gepresstes Öl enthält sehr viel der dreifach ungesättigten Omega-3-Fettsäure Alpha-Linolensäure. Diese reguliert den Blutdruck und die Blutfette. Leinöl ist gesund.

Kalorienbedarf bei leichter körperlicher Arbeit

Der Tagesbedarf an Kalorien ist abhängig von Geschlecht, Alter und körperlicher Arbeit. Bei leichter körperlicher Arbeit (30 Minuten am Tag) und einem Alter bis 25 Jahren brauchen Frauen 1900 kcal/Tag und Männer 2400 kcal/Tag. Bis 50 Jahre jeweils 1800 bzw. 2300 kcal/Tag. Bis 65 Jahre dann 1700 bzw. 2200 kcal/T und bei über 65 Jahre 1700 kcal/Tag bzw. 2100 kcal/Tag.

Eiweiß

Eiweiße (Proteine) sind Verbindungen, die aus Aminosäuren aufgebaut sind. Unser Körper, der zu 20 Prozent aus Eiweiß besteht, benötigt 20 verschiedene Aminosäuren, um daraus ca. 50.000 verschiedene Eiweißverbindungen wie Enzyme usw. herzustellen, deren Bauplan in unserem Erbgut verankert ist. Die meisten Aminosäuren können direkt von unserem Stoffwechsel aufgebaut werden. Acht Aminosäuren müssen aber über die Nahrung zugeführt werden, sie sind essenziell oder unentbehrlich. In diesem Zusammenhang spricht man auch von der »biologischen Wertigkeit« einer Eiweißquelle. Sie gibt an, wie viel Gramm körpereigenes Eiweiß aus 100 Gramm Nahrungseiweiß im Körper aufgebaut werden kann. Für den Vergleich der Lebensmittel untereinander orientiert man sich an der Qualität von Hühnereiern, in denen alle unentbehrlichen Aminosäuren in einem sehr günstigen Verhältnis vorliegen.

Eiweißquelle	Biologische Wertigkeit
Hühnerei	1
Milch	> 0,9
Fleisch, Fisch, Reis, Soja	> 0,8
Kartoffel, Mais	> 0,7
Weizen, Hülsenfrüchte	> 0,5

Eiweiß aus der Nahrung wird im Darm verdaut und gelangt als einzelne Bausteine, als Aminosäuren, zur Leber. Für den Energiestoffwechsel spielen Aminosäuren nur dann eine Rolle, wenn ein Überangebot vorhanden ist oder ein Energiedefizit über einen längeren Zeitraum besteht.

Beim Abbau von Proteinen entsteht Ammoniak, ein Zellgift mit einem sehr markanten Geruch, das schnell in der Leber zu Harnstoff umgebaut werden muss. Dieser kann dann über die Nieren ausgeschieden werden. Diese Entgiftungsreaktion ist allerdings sehr energieaufwendig. Nennenswerte Mengen fallen dann an, wenn während einer Diät mit starker Kalorienreduktion körpereigenes Eiweiß zum Zweck der Energiegewinnung abgebaut wird. Deshalb sollte man in diesem Fall immer auf die Aufnahme hochwertiger Eiweißlieferanten achten, um sich mit allen essenziellen Aminosäuren zu versorgen.

Muss ich abnehmen?

Ob der Hosenbund zwickt oder das T-Shirt spannt, bekommt man ohne Waage und Spiegel von allein mit. Die Wissenschaft hat jedoch zur besseren Vergleichbarkeit verschiedene Messmethoden entwickelt, um Körpergewicht und -umfang zu beschreiben. Die Ergebnisse, die man erhält, mögen je nach Beurteilungskriterium unterschiedlich sein. Grundsätzlich ist es immer ratsam, im Zweifelsfall mit dem Arzt seines Vertrauens über die Notwendigkeit einer Gewichtsreduktion zu sprechen. Sollte sich eine Adipositas (extremes Übergewicht) oder schwere Adipositas herausstellen, ist in jedem Fall ein Besuch beim Arzt notwendig, denn die Fettleibigkeit ist behandlungsbedürftig.

Messmethoden

Für die Beurteilung des Körpergewichts gibt es verschiedene Methoden. Am gebräuchlichsten ist die Bestimmung des Body-Mass-Index.

Body-Mass-Index

Beim Body-Mass-Index wird die Körpermasse (in Kilogramm) durch das Quadrat der Körpergröße (in Meter) geteilt.

$$\text{BMI} = \frac{\textbf{Körpermasse in kg}}{\textbf{Körpergröße in m}^2}$$

Neuere Auswertungen nach dem National Research Council (NRC) beziehen das Lebensalter und Geschlecht in die Beurteilung mit ein, da durch Studien festgestellt wurde, dass die Sterblichkeitsrate bei Menschen mit im Alter steigenden BMI-Werten am geringsten ist. Dann ergibt sich folgendes Bild:

Alter	Idealbereich
19–24 Jahre	19–24
25–34 Jahre	20–25
45–54 Jahre	22–27
55–65 Jahre	23–28
> 65 Jahre	24–29

Bauchumfang

Aus medizinischer Sicht werden Methoden bevorzugt, die den Bauchumfang berücksichtigen, da besonders Fettpolster in der Bauchgegend als schädlich und gesundheitsgefährdend eingestuft werden. Man spricht auch von der Apfel- bzw. Birnenform des Körpers. Gemessen wird der Bauchumfang unterhalb der Rippen etwa in Höhe des Bauchnabels (bei Bauchansatz: an der dicksten Stelle), morgens, nüchtern, bei aufrechter Körperhaltung und normaler Atmung mit einem waagrecht um den Körper gelegten Maßband.

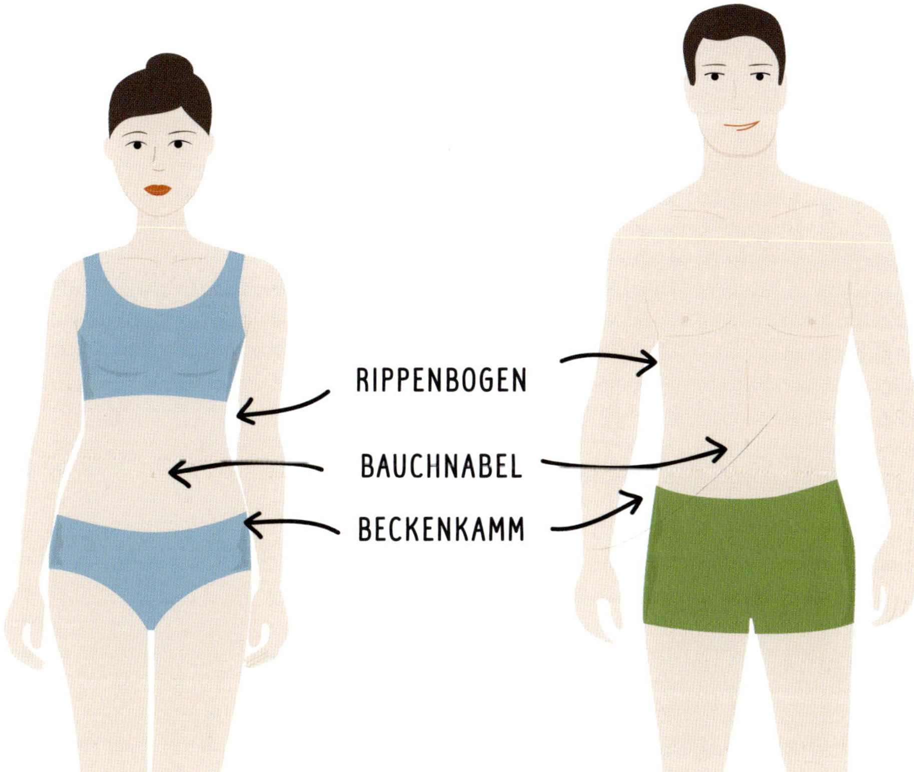

Der Bauchumfang gibt Auskunft über das Bauchfett, das sehr stoffwechselaktiv ist.

Taillenumfang

Beim WHtR (Waist-to-Height-Ratio oder Taillen-Größen-Verhältnis) wird der Taillenumfang wie zuvor beschrieben ermittelt und durch die Körpergröße geteilt.

$$\text{WHtR} = \frac{\text{Bauchumfang in cm}}{\text{Körpergröße in cm}}$$

Der Vorteil ist, dass bei der Beurteilung kein Unterschied zwischen den Geschlechtern einkalkuliert werden muss. Im Vergleich zum BMI wird nur das »schlechte« Fettpolster um die Leibesmitte erfasst. Der Nachteil liegt in der etwas fehleranfälligen Messmethode des Taillenumfangs. Anscheinend bringt die Ermittlung des WHtR aber gute Ergebnisse bei der Beurteilung der Risiken für die Ausbildung von Herz-Kreislauf-Problemen.

Beurteilung WHtR	< 50 Jahre	> 50 Jahre
Untergewicht	< 0,4	< 0,4
Normalgewicht	0,4–0,5	0,4–0,6
Übergewicht	0,51–0,56	0,61–0,66
Adipositas	0,57-0,68	0,67–0,78
Schwere Adipositas	> 0,68	> 0,78

Faktoren, die den Stoffwechsel beeinflussen

Ein für Wissenschaftler vieler Fachrichtungen spannendes Thema bei der Erforschung des menschlichen Organismus ist die Welt der Bakterien, die sich im und auf dem menschlichen Körper befinden – das Mikrobiom. Doch auch das Fettgewebe ist interessant.

Das Mikrobiom – die Darmflora

Der menschliche Körper setzt sich aus ca. 10^{13} oder 10 Billionen einzelner Zellen zusammen. Die im oder am gesamten Körper (Haut, Mund, Darm etc.) befindlichen Bakterienzellen werden auf den 10-fachen Wert geschätzt. Die menschliche Darmflora kann bis zu 2 Kilogramm schwer sein und besteht aus ca. 200 verschiedenen Arten.
Derzeit wird vermutet, dass diese Darmflora, die sich hauptsächlich im Dickdarm befindet, nicht nur an der Verdauung von schwer verdaulichen Ballaststoffen beteiligt ist. Vielmehr wird diskutiert, ob sie nicht aktiv am Stoffwechselgeschehen des Gesamtorganismus teilnimmt, indem sie Botenstoffe in das Blut abgeben kann, die dann den Stoffwechsel beeinflussen. So ist es z. B. in Tierversuchen gelungen, über die Steuerung der Darmflora das Gewicht zu beeinflussen. Außerdem werden wichtige Einflüsse auf das Immunsystem (z. B. Typ-1-Diabetes) oder das Nervensystem (z. B. Depressionen, Alzheimer) diskutiert. Einer der wichtigsten Einflussfaktoren auf die Ausbildung unseres Mikrobioms ist z. B. die natürliche Geburt, denn auf dem Weg durch den Geburtskanal erfolgt wohl die erste Besiedlung des Verdauungskanals.
Um diese Darmbakterien »bei Laune« zu halten, ist es enorm wichtig, dass wir uns ausgewogen mit einem hohen Anteil an Ballaststoffen ernähren. Dabei sind probiotische Lebensmittel nicht wirklich hilfreich, da sie meist gar nicht im Dickdarm ankommen, sondern vorher verdaut werden. Medizinisch interessant ist eine erst seit 2016 in Deutschland zugelassene Behandlungsform: der Mikrobiomtransfer oder die Stuhltransplantation. Dabei wird gereinigter Dickdarminhalt eines gesunden Spenders in den Dickdarm einer erkrankten Person übertragen, um ihn mit guten Bakterien zu bevölkern.

Das Fettgewebe

Unser Fettgewebe unterteilt sich grob in zwei Arten: Das Unterhautfettgewebe, das allgemein zwar nicht unbedingt unseren Idealvorstellungen eines »schönen« Körpers entspricht, aber als gesundheitlich eher unproblematisch gilt, und das Viszeralfett oder intraabdominale Fettgewebe, das sich im Bauchraum um die inneren Organe herum befindet. Letzteres hat zwei wichtige Funktionen als Schutz der inneren Organe vor mechanischen Belastungen und als schnell verfügbarer Energiespeicher. Allerdings kann das Viszeralfett auch aktiv in unseren Stoffwechsel eingreifen, da dort Botenstoffe produziert werden. Diskutiert wird, ob im Übermaß vorhandenes Viszeralfett einen Anteil an der Entwicklung des metabolischen Syndroms und damit der Gefahr eines Typ-2-Diabetes hat. Ein wichtiger Hinweis darauf, wie es um die Fettverteilung im eigenen Körper bestellt ist, gibt die Ermittlung der Waist-to Height-Ratio (siehe Seite 25).
Menschen vom Typ TOFI (Thin on the Outside, Fat on the Inside – also außen schlank aber mit viel Viszeralfett) können scheinbar beliebige Mengen essen, ohne dabei an Gewicht zuzunehmen. Anscheinend ist bei ihnen die Speicherfähigkeit des Unterhautfettgewebes begrenzt. Überschüssige Kalorien landen dann nicht am Po und an den Schenkeln, dafür aber viel eher im viszeralen Fettgewebe.

Low-Carb-High-Fat-Ernährungsweise

Die Ernährungsform »Low-Carb-High-Fat« (LCHF) ist derzeit sehr präsent in den Medien. Es werden auch einige, teilweise recht unterschiedliche Diäten mit dem Ziel, Gewicht zu reduzieren, in diesem Stil angeboten. Grundsätzlich geht es bei allen Formen um eine Reduktion der Kohlenhydrataufnahme, bei gleichzeitiger Aufnahme höherer Fettmengen. Allerdings handelt es sich bei dieser Art der Ernährung nicht um eine neue Entwicklung.

Verschiedene Ausführungen

Bereits 1863 wurde vom britischen Bestattungsunternehmer William Banting, der unter massiven Beeinträchtigungen durch sein Übergewicht litt, eine Art erster LCHF-Diät praktiziert. Da er damit verblüffende Erfolge erzielen konnte, gab er einen Diätratgeber heraus (»Letter On Corpulence«), der für eine Kohlenhydratreduktion in der täglichen Ernährung warb und ein Jahr später auch in deutscher Sprache erschien (»Offener Brief über Korpulenz, an das gesamte Publikum gerichtet«).

In den frühen 60-er Jahren des 20. Jahrhunderts entwickelte der New Yorker Kardiologe Dr. Robert C. Atkins die nach ihm benannte Atkins-Diät, die auch heute noch praktiziert wird. Die Regeln dieser Diätform sind allerdings relativ rigide. Es handelt sich um ein Stufenmodell, bei dem in der ersten Phase nahezu keine Kohlenhydrate in der Nahrung erlaubt sind. Die Aufnahme von Fett und Protein erfolgt nach Wunsch. Auf diese Weise soll ein möglichst schneller Gewichtsverlust erzielt werden. Später geht diese Diätform in eine sogenannte Erhaltungsphase über, die dann als Lebensform praktiziert werden soll. Die Problematik der Atkins-Diät liegt in der häufig zu hohen Energiemenge, da gerade fettreiche Lebensmittel eine hohe Energiedichte aufweisen und schon kleine Mengen viel Energie liefern (z. B. 1 Esslöffel Olivenöl = 10 Gramm = 90 Kilokalorien/376 Kilojoule). Des Weiteren können sehr hohe Eiweißmengen eine nennenswerte Belastung für Leber und Nieren bedeuten und langfristig zu deren

Gesunde, straffe Haut an den Beinen und ein flacher Bauch – die Ernährung hat darauf Einfluss.

Ein Spiralschneider lässt Gemüse wie Nudeln aussehen. So muss man nicht auf Pasta verzichten.

Schädigung führen. Außerdem müssen bei dieser nicht gut ausbalancierten Ernährungsform manche essenziellen Bestandteile über Nahrungsergänzungsmittel zugeführt werden. Interessant ist, dass die sogenannte modifizierte Atkins-Diät (MAD) als begleitende Therapiemaßnahme bei der Behandlung von Epilepsie eingesetzt werden kann. Weitere Beispiele, die hier nicht näher ausgeführt werden, sind die GLYX-Diät, die Paleo-Diät, die South-Beach-Diät oder die LOGI-Methode.

Ist LCHF eine Diät?

Das Wort Diät stammt vom griechischen Wort δίαιτα (díaita) ab und bedeutet so viel wie »Lebensführung« oder »Lebensweise«. Im englischsprachigen Raum wird unter dem Begriff »diet« die »normale« tägliche Ernährung verstanden. Im deutschsprachigen Raum dagegen bedeutet der Begriff »Diät« immer eine Sonderform der Ernährung z. B. zur langfristigen Unterstützung der Therapie einer Erkrankung oder zur Gewichtsregulation. Wenn man von LCHF-Diät spricht, sollte aber nicht von einer Diät im Sinn einer zeitlich begrenzten auf das Ziel Gewichtsabnahme gerichteten Ernährungsumstellung die Rede sein. Vielmehr handelt es sich um eine längerfristig angelegte Umstellung der Lebensweise unter Berücksichtigung individueller Unterschiede.

Formen von LCHF

Bei der LCHF-Lebensweise werden meist verschiedene Stufen unterschieden, die sich an der täglichen Kohlenhydrataufnahme orientieren. Die Einteilung ist allerdings je nach Quelle sehr unterschiedlich.

Striktes LCHF: 0–20 Gramm Kohlenhydrate pro Tag

Bei dieser strikten Form – bei der verschiedentlich auch weniger als 10 Gramm/Tag empfohlen wird –, kann man nicht von einer Umstellung der Lebensweise sprechen, da diese Variante aufgrund der doch erheblichen Einschränkungen kaum auf Dauer durchzuhalten ist. Das Ziel ist, schnell und sicher Gewicht zu reduzieren, oder die Unterstützung der Therapie bei Problemen mit dem Kohlenhydratstoffwechsel. Bei dieser Variante bleiben nicht viele Lebensmittel übrig, da z. B. schon 500 Gramm Brokkoli oder 400 Gramm Karotten ausreichen, um die angegebene Grenze von 20 Gramm Kohlenhydraten pro Tag zu erreichen. Die Ernährung besteht dann überwiegend aus Fleisch, Fisch, Käse und

Ölen, also vor allem aus Eiweiß und Fett. Keine wirklich appetitanregende Mischung, die auf Dauer nicht besonders ausgewogen erscheint. Allerdings kann sie am Anfang für eine kurze Zeit durchaus sinnvoll sein, um sicher eine ketogene Stoffwechsellage zu erreichen (siehe Ketonkörper Seite 21).

Moderates LCHF: < 60 Gramm Kohlenhydrate pro Tag

Dieser Bereich wird manchmal auch als ketogener Übergangsbereich bezeichnet. Die meisten Erwachsenen erreichen auch bei dieser Stufe der Kohlenhydratreduktion die erwünschte ernährungsbedingte Stoffwechsellage, in der Ketonkörper als Energielieferanten gebildet werden. Der Vorteil ist, dass hier schon eine weitaus größere Produktpalette an Lebensmitteln zur Auswahl steht. Einer im Großen und Ganzen ausgewogenen Ernährung steht hier nichts im Weg. Allerdings sollte darauf geachtet werden, dass die aufgenommene Proteinmenge 2 Gramm pro Tag und Kilogramm Körpergewicht nicht überschritten wird.

Liberales LCHF: 60–100 Gramm Kohlenhydrate pro Tag

In diesem Bereich lässt es sich auf Dauer gut leben. Man hat viele Lebensmittel zur Auswahl und muss auch nicht auf beliebte Produkte wie Nudeln oder Reis gänzlich verzichten. Allerdings sollten sie eher selten und dann in maßvollen Mengen und in der Vollkornvariante auf den Teller kommen.

Noch LCHF?: 100–150 Gramm Kohlenhydrate pro Tag

Zugegebenermaßen ist dieser Bereich für viele Anhänger der LCHF-Ernährung kein wirklicher Bestandteil der LCHF-Ernährung. Bedenkt man allerdings, dass bei der sogenannten »Western Diet« oder dem »westliche Ernährungsstil«, geprägt vom Verzehr von viel rotem Fleisch- und Fleischprodukten, Butter und Michprodukten, hochverarbeitetem Getreide, Kartoffeln und stark gezuckerten Getränken häufig 250 Gramm oder mehr Kohlenhydrate pro Tag aufgenommen werden, kann man durchaus von einer kohlenhydrateingeschränkten Lebensweise sprechen. Abnehmen wird man mit dieser Ernährungsweise jedoch nicht.

Individuelle Entscheidung

Letzten Endes gibt es nicht »die« Ernährungsform, die für alle Menschen gleichermaßen gut geeignet ist. Jeder muss für sich herausfinden, was seine Ziele sind und was ihm guttut. Möchte man viel Gewicht reduzieren, empfiehlt es sich am Anfang, ein möglichst niedriges Kohlenhydratniveau anzustreben und gleichzeitig die Kalorien zu reduzieren. Wenn man das angestrebte Gewicht erreicht hat, kann man die Kohlenhydratmenge schrittweise erhöhen, bis man feststellt, dass man wieder an Gewicht zuzulegen beginnt. Dann sollte man die Kohlenhydratmenge wieder etwas zurücknehmen.

Auf der folgenden Doppelseite stehen deshalb zwei Wochenpläne, um mit den Rezepten in diesem Buch eine Ernährung im Sinne von LCHF zu genießen. Der erste Ernährungs-Wochenplan sieht vor, maximal 50 Gramm Kohlenhydrate und 1100 Kilokalorien pro Tag aufzunehmen. Der zweite Ernährungs-Wochenplan liefert maximal 75 Gramm Kohlenhydrate und 1400 Kilokalorien pro Tag. Wer zudem Rezepte tauschen will, muss ein bisschen rechnen und sich die Nährwertangaben unter jedem Rezept genau anschauen.

So nicht

Ein »normaler« Tagesplan bei der »Western Diet«: Morgens zwei weiße Semmeln/Brötchen mit Marmelade und Butter, als Zwischenmahlzeit ein Fruchtjoghurt, mittags Currywurst mit Pommes frites, dazu 0,5-Liter-Coca-Cola, nachmittags ein Schokoriegel, abends ein Pizzabaguette mit 0,5-Liter-Spezi und später Kartoffelchips beim Fernsehen. Bevor wir uns versehen, haben wir in Summe ca. 300 Gramm Kohlenhydrate und sehr viel Energie zu uns genommen. Deshalb: Sich nicht so ernähren! Davon nimmt man nicht ab.

Ernährungsplan A

Unter 50 Gramm Kohlenhydrate und maximal 1100 kcal pro Tag

Tag	Frühstück	Mittagessen	Abendessen
1	Beeren-Nuss-Quark (Seite 54)	Tomaten mit Knoblauchkrabben (Seite 104)	Hummus auf Gurkenscheiben (Seite 78)
2	Brokkoli-Frühstücks-Omelett (Seite 54)	Risotto aus Blumenkohl (Seite 127)	Zitronenfrischkäse (Seite 58) auf 1 Scheibe Eiweißbrot (Seite 65)
3	1 Scheibe Körner-Nuss-Brot (Seite 67) mit 20 g Schoko-Nuss-Aufstrich (Seite 61)	Gefüllte Putenroulade auf Salatbett (Seite 113)	Radieschen-Kresse-Quark mit Gemüsesticks (Seite 81)
4	Schoko-Quinoa-Müsli (Seite 57)	Blumenkohlpizza (Seite 110)	Pekingsuppe (Seite 89)
5	1 Scheibe Körner-Nuss-Brot (Seite 67) mit 20 g Erdbeer-Vanille-Konfitüre (Seite 58)	Lachsfilet mit Brokkoli und Senfsauce (Seite 123)	Herzhafter Joghurtdrink (Seite 172)
6	Mandelbrötchen (Seite 72) mit 20 g Schoko-Nuss-Aufstrich (Seite 61)	Salsicciasauce mit Shirataki-Nudeln (Seite 104)	Kümmelbrötchen (Seite 71) mit Heringaufstrich (Seite 62)
7	Leinsamen-Quark-Brot (Seite 68) mit Zitronenfrischkäse (Seite 58)	Burger (Seite 109)	Blumenkohlcurry (Seite 93)

Ernährungsplan B

Unter 75 Gramm Kohlenhydrate und maximal 1400 kcal pro Tag

Tag	Frühstück	Mittagessen	Abendessen
1	Beeren-Nuss-Quark (Seite 54)	Curry mit Kokosmilch und Halloumi (Seite 111)	Melonensalat (Seite 101)
2	Zitronenfrischkäse (Seite 58) auf 2 Scheiben Eiweißbrot (Seite 65)	Zucchinispaghetti mit Tomaten-Speck-Sauce (Seite 144) Frozen Yoghurt Pfirsich (Seite 155)	Rösti mit Joghurtdip (Seite 132)
3	Fruchtsmoothie (Seite 171)	Griechische Hack-Gemüsespaghetti (Seite 137)	Radieschen-Kresse-Quark mit Gemüsesticks (Seite 81)
4	Heidelbeeren-Mandel-Drink (Seite 168)	Erdnuss-Gemüse-Eintopf (Seite 91)	Pekingsuppe (Seite 89)
5	Mandelbrötchen (Seite 72) mit 40 g Schoko-Nuss-Aufstrich (Seite 61)	Hackbällchen in Paprikasauce (Seite 118) Honigmelonen-Kokos-Eis (Seite 155)	Beeren-Nuss-Quark (Seite 54)
6	Schoko-Quinoa-Müsli (Seite 57)	Fisch mit Paprikasauce (Seite 120) Mascarponecreme (Seite 150)	Karotten-Ingwer-Suppe mit Frischkäsenocken (Seite 86)
7	Leinsamen-Quark-Brot (Seite 68) mit Zitronenfrischkäse (Seite 58)	Spargelsalat mit Erdbeeren und Schweinefilet (Seite 94)	Kümmelbrötchen (Seite 71) mit Heringaufstrich (Seite 62)

Gut ausgewogene LCHF-Ernährung

Wie sieht also eine gut ausgewogene LCHF-Ernährung aus? Von vielen Ernährungswissenschaftlern wird derzeit die sogenannte mediterrane Ernährung favorisiert. Der Fettanteil kann hier schon bis zu 50 Prozent der Gesamtenergiemenge betragen, sollte aber hauptsächlich aus »guten« Fetten wie Olivenöl stammen. Kohlenhydrate stammen aus Vollkornprodukten und Hülsenfrüchten, das Eiweiß überwiegend aus Fisch und Meeresfrüchten. Ergänzt wird das Ganze durch viel Salat und Gemüse, Nüsse sowie in Maßen auch hochwertige Fleisch- und Käsesorten. Diese Ernährungsweise kann uns als Basis dienen, sofern man die folgenden Ratschläge umsetzt.

Fette

Als Fettquellen sollten gut verträgliche pflanzliche Öle verwendet werden. Hier sind vor allem kalt gepresstes Olivenöl, Rapsöl oder Kokosöl sowie Leinöl und Walnussöl zu nennen. Bei allen verarbeiteten, fetthaltigen Lebensmitteln wie Sahne etc. muss auch immer der Kohlenhydratgehalt im Auge behalten werden. Außerdem liefern fettreiche Seefische wie Lachs qualitativ hochwertige Fettsäuren. Ein hervorragender pflanzlicher Lieferant ist die derzeit sehr beliebte Avocado. Der Anteil der Fettmenge an der Gesamtenergiemenge variiert in Abhängigkeit von der aufgenommenen Kohlenhydratmenge und von der angestrebten Energiegesamtmenge. Bei striktem LCHF und einer täglichen Gesamtenergiemenge von 1500 Kilokalorien bleiben ca. 1000 Kilokalorien, die über Fette gedeckt werden müssen. Das entspricht ca. 112 Gramm Fett.

Kohlenhydrate

Die mehr oder weniger geringen Mengen an Kohlenhydraten können entweder über ballaststoffreiche Gemüsearten, am besten aus biologischem Anbau, oder Milch und ungesüßte Milchprodukte wie Quark gedeckt werden. Sollten Getreideprodukte auf dem Speiseplan stehen, dann ausschließlich als Vollkornprodukte.

Eiweiß

Günstig sind hier qualitativ hochwertige Fische, Meeresfrüchte, Käsesorten und Milchprodukte. Fleisch sollte eher selten auf dem Speiseplan stehen, und wenn, dann auch von guter Qualität, am besten aus Weidehaltung. Als tägliche Proteinmenge gilt ein Richtwert von ca. 0,8 bis 2 Gramm pro Kilogramm Körpergewicht, wobei sich das Körpergewicht hier nicht an den Kilos orientiert, die rein auf Fettgewebe beruhen, d. h. sehr schlanke Menschen können das komplette Körpergewicht als Berechnungsgrundlage heranziehen. Eher vollschlanke oder stark übergewichtige Menschen sollten sich vielmehr Richtung 0,8 Gramm Protein pro Kilogramm Körpergewicht orientieren.

Vitamine

Wenn wir uns mit viel abwechslungsreichem Gemüse und Fisch, gelegentlich einem Stück gutem Fleisch, Milchprodukten, Nüssen und Käse sowie hochwertigen pflanzlichen Ölen ernähren, nehmen wir alle notwendigen Vitamine in ausreichender Form zu uns.

Mineralstoffe und Spurenelemente

Auch bei Mineralstoffen und Spurenelementen sollte bei einer abwechslungsreichen Ernährung kein Mangel entstehen. Allerdings ist auf Natrium zu achten, da es bei einer kohlenhydratreduzierten Ernährung und dem damit verbundenen niedrigen Insulinspiegel zu vermehrter Natriumausscheidung über die Nieren kommen kann. Abhilfe schafft hier, entweder ein Glas leicht gesalzenes Wasser oder ein Glas Gemüsebrühe zu trinken.

Gemüsebrühepulver selbst gemacht 1 Kilogramm Bio-Gemüse (z.B. Karotten, Knollensellerie, Fenchel, Zwiebeln, Lauch) sowie Kräuter im Thermomix® portionsweise 5 bis 10 Sekunden/Stufe 5 fein reiben. Vorsicht, es soll kein Gemüsebrei werden. Gemüsemasse auf mit Backpapier belegte Backbleche verteilen und über Nacht bei 70 °C Umluft im Backofen – absolut vollständig – trocknen lassen. Am nächsten Tag mit Gewürzen nach Wahl (z.B. Salz und Kurkuma) in den Mixtopf geben und auf Stufe 10 auf die gewünschte Körnung zerkleinern. Etwas Gemüsepulver in Wasser auflösen und als Brühe trinken.

Hunger und Sättigung

In der derzeitig weitverbreiteten Ernährungsform spricht man von den sogenannten Sättigungsbeilagen. Sehr häufig sind damit kohlenhydratreiche Essensbestandteile wie Nudeln, Kartoffeln etc. gemeint. Wenn wir diese in unserer LCHF-Ernährungsweise einfach weglassen, heißt das dann, dass wir hungrig vom Tisch aufstehen müssen?

Hunger

Hunger ist ein wichtiges Steuerungssignal, um die ausreichende Versorgung mit Nährstoffen, vor allem Energie, sicherzustellen. Er wird durch verschiedene Faktoren beeinflusst. Hunger- und Sättigungsgefühl werden zentral in unserem Gehirn (Hypothalamus) durch ein hochkomplexes Zusammenspiel verschiedener Faktoren gesteuert, die in ihrer Gänze noch lange nicht erforscht sind. Dort befinden sich sowohl das Hunger- als auch das Sättigungszentrum, in denen Informationen gesammelt, ausgewertet und entsprechend Botenstoffe abgegeben werden, die entweder Hunger oder eben Sättigung signalisieren.

Füllungszustand des Magens Ein sehr wichtiger Gradmesser für die Entwicklung des Sättigungsgefühls während einer Mahlzeit ist der Füllungszustand des Magens. In der Magenwand befinden sich Dehnungsrezeptoren, die dann wiederum ein Signal an den Hypothalamus senden. Wird fettreiche Nahrung aufgenommen, dann führt dies einerseits zu längeren Verweilzeiten im Magen und damit zu einem länger anhaltenden Sättigungsgefühl. Außerdem wird durch fettreiche Nahrung in der Dünndarmwand das Hormons Cholecystokinin produziert, das ebenfalls ein Sättigungsgefühl signalisiert.

Insulin Das bereits aus der Regulation des Kohlenhydrat- und Fettstoffwechsels bekannte Insulin signalisiert einerseits Sättigung, andererseits unterdrückt es Signalstoffe aus dem Hungerzentrum. Die Problematik daran ist, dass bei der Aufnahme vieler, schnell verfügbarer Kohlenhydrate (Einfach-, Zweifachzucker oder Produkte aus weißem Mehl) die Insulinreaktion sehr heftig ausfallen kann. Daraufhin verschwindet der Traubenzucker sehr schnell aus der Blutbahn und dem Körper wird durch den dann sehr niedrigen Blutzuckerspiegel Hunger signalisiert, obwohl eigentlich genügend Energie aufgenommen worden wäre. Diese befindet sich aber bereits auf dem Weg in den Fettaufbau.

Leptin und sein Gegenspieler Es gibt auch einen Botenstoff, der das Gehirn über den Füllungszustand der Energiereserven in Form von Fettdepots informiert. Es ist das im Fettgewebe produzierte Leptin. Es kann die Reaktion des Sättigungszentrums unterstützen und hemmt die Reaktion des Hungerzentrums. Eine Art Gegenspieler des Leptins ist das Hormon Ghrelin, das gelegentlich auch als Hungerhormon bezeichnet wird. Es wird in der Magenwand und in der Bauchspeicheldrüse gebildet und wirkt aktivierend

Leptin und Bewegung

Übergewichtige Menschen haben zwar viele Fettdepots, aber hier wirkt das Leptin nicht mehr, denn es liegt eine Unempfindlichkeit gegen Leptin vor. Untersuchungen haben gezeigt, dass sportliche Aktivitäten die Empfindlichkeit gegenüber Leptin wieder verbessern können.

auf das Hungerzentrum im Hypothalamus. Beginnt der Mensch anschließend mit der Nahrungsaufnahme, sinkt die Konzentration von Ghrelin wieder ab, allerdings benötigt dieser Vorgang 20 bis 30 Minuten.

Sensorische Reize

Daneben spielen auch noch eine Reihe anderer Reize wie z. B. die Sensorik eine Rolle bei der Nahrungsaufnahme. So wird man häufig genug schon durch den bloßen Anblick oder Geruch eines besonders appetitlichen Lebensmittels zu dessen Verzehr gedrängt, ohne dass tatsächlich Hunger im Sinn eines Energiedefizits vorliegt. Auch die Angebotsvielfalt eines Buffets kann dazu verführen, mehr zu essen als tatsächlich benötigt wird. Untersuchungen haben darüber hinaus gezeigt, dass sich Stress oder Schlafmangel negativ auf die natürliche Hunger- und Sättigungsregulation auswirken kann.

Glutamat

Auch Zusatzstoffe, die sich in verarbeiteten Lebensmitteln, wie tiefgekühlte Pizzas und Fertigsuppen, befinden, beeinflussen unser Essverhalten. Ein Beispiel ist hier Glutamat. Es kann die Wirkung von Leptin hemmen und führt dann zu einer übermäßigen Nahrungsaufnahme. Wichtig ist hier wieder ein genauer Blick auf die Zutatenliste. Glutamat ist entweder unter E620 bis E625 aufgeführt oder versteckt sich hinter klangvollen Bezeichnungen wie »Würze«, »Speisewürze«, »Aroma«, »gekörnte Brühe« oder »Sojawürze«. Glutamat vermittelt die Geschmackswahrnehmung »Umami«, die neben den klassischen Geschmacksrichtungen (»süß«, »sauer«, »salzig« und »bitter«) als »fleischig«, »würzig« oder »wohlschmeckend« beschrieben wird. Das negative Image von Glutamat hat in der Lebensmittelindustrie dazu geführt, statt Glutamat Hefeextrakte zu verwenden. Diese enthalten ebenfalls viel Glutaminsäure, sie müssen aber nicht als sogenannte E-Nummer deklariert, sondern »nur« auf der Zutatenliste aufgeführt werden.

Guter Rat

Die Hunger- und Sättigungsregulation können wir uns gut zunutze machen, indem wir darauf achten, dass wir Lebensmittel mit großem Volumen und geringer Energiedichte essen wie Gemüse und Salat, und sehr bewusst mit energiereichen Lebensmitteln wie Ölen, Nüssen usw. umgehen, deren Fettgehalt dann aber wiederum für ein länger anhaltendes Sättigungsgefühl sorgt. Durch die konsequente Reduktion von Kohlenhydraten halten wir unseren Insulinlevel konstant niedrig, wodurch wir die Fettverbrennung gut unterstützen können und keine Heißhungerattacken entstehen.

Die Lebensmittel

Schon beim Einkauf entscheidet sich, wie wir uns ernähren. Deshalb ist es wichtig, auf Qualität zu achten. Frische saisonale Bio-Produkte sind stark verarbeiteten Industrieprodukten vorzuziehen. Bei tierischen Produkten auf Herkunft und Aufzucht achten!

Gemüse, Salat, Pilze und Kräuter

Sie sollten die breite Basis unserer Ernährung bilden. Je nachdem welches LCHF-Niveau gewählt wurde, stehen mehr oder weniger Gemüse- und Salatsorten zur Auswahl. Bei striktem LCHF müssen die meisten Wurzelgemüse, Kohlsorten und natürlich Hülsenfrüchte vermieden werden. Bei allen anderen LCHF-Niveaus sollten auch diese häufig auf dem Speiseplan stehen (bei moderatem LCHF Hülsenfrüchte nur eingeschränkt, allerdings sollte man sie ab und an einbauen, da sie sehr wertvolle Nährstoffe enthalten). Wichtig ist, auf Abwechslung zu achten. Wer einen etwas empfindlichen Verdauungsapparat hat, sollte darauf achten, abends eher gekochtes Gemüse als einen rohen Salat zu essen, da gekochte pflanzliche Nahrung häufig bekömmlicher ist.
Alle Gerichte sollten großzügig mit Kräutern angereichert werden. Das bringt nicht nur ein Mehr an Geschmack, sondern auch viele wichtige Nährstoffe wie z. B. Vitamine in unser Essen. Beim Einkauf sollte auf gute Qualität geachtet werden. Am besten wählt man immer saisonal und regional verfügbares Gemüse vorzugsweise aus ökologischem Anbau. Zugegebenermaßen ist das in den Wintermonaten nicht ganz einfach, aber selbst dann steht mit Karotten, Knollensellerie, Schwarzwurzeln, Pastinaken, Lauch, Kohlsorten, Steckrüben, Roten Beten, Kürbis, Chicorée, Feldsalat usw. doch einiges zur Verfügung.

Avocado

Die Avocado ist besonders wertvoll. Bei ihr handelt es sich nicht um ein Gemüse, sondern um eine ursprünglich in Mexiko beheimatete Beerenfrucht, weshalb sie im Supermarkt meist in der Obstabteilung zu finden ist. In Deutschland sind vor allem zwei Sorten im Angebot: die grüne, glattschalige Fuerte-Avocado und die dunkle, genoppte Hass-Avocado (kann während des Reifungsprozesses fast schwarz werden). Erstere ist cremig-mild, letztere hat einen nussigen Geschmack. Gelegentlich findet man auch die kleine, gurkenförmige Mini-Avocado. Sie besitzt keinen Kern und ein sehr weiches, cremig-mildes Fruchtfleisch, das sich aus der Schale drücken lässt.
Avocado richtig lagern Wichtig beim Kauf ist, darauf zu achten, dass man reife Früchte erwirbt, wenn man diese sofort verarbeiten möchte. Kauft man für einige Tage im Voraus, kann man sie auch zu Hause noch nachreifen lassen. Reife Früchte geben auf leichten Druck etwas nach. Den perfekten Reifegrad kann man auch erkennen, wenn man den Stielansatz entfernt und darunter appetitlich grünes Fruchtfleisch erscheint. Zeigen sich bereits dunkle Streifen, dann ist die Frucht leider überreif. Das Nachreifen kann man unterstützen, indem die Avocado für 1 bis 2 Tage zusammen mit einem reifen Apfel in eine Papiertüte gepackt wird. Verzögern kann man den Reifungsprozess durch Lagerung im Kühlschrank. Möchte man eine Avocadohälfte bis zum nächsten Tag aufbewahren, eignen sich folgende Methoden: Die aufgeschnittene Hälfte ohne Stein mit Zitronensaft

Die Pyramide einer kohlenhydratarmen Ernährung zeigt die abnehmende Häufigkeit und Menge der dargestellten Lebensmittel von unten nach oben. Viel Gemüse, wenig Brot.

einreiben und mit der Schnittfläche nach unten auf einem Teller im Kühlschrank aufbewahren oder den Kern in der Hälfte belassen und die Frucht abgedeckt im Kühlschrank aufbewahren.

Avocado richtig zubereiten. Für die Verarbeitung von Avocados empfiehlt es sich, die Früchte als Erstes gründlich unter fließendem Wasser zu waschen, um auf der Schale befindliche Keime und Spritzmittelrückstände zu entfernen. Anschließend schneidet man mit einem scharfen Messer bis zum Stein in die Frucht und fährt dann einmal komplett um die Längsseite. Man umschließt die Frucht mit beiden Händen und dreht diese in entgegengesetzte Richtungen. In einer der beiden Hälften befindet sich dann der Kern. Bei reifen Früchten lässt sich dieser leicht mit einem Löffel entfernen.

Fisch und Meeresfrüchte

Es sind alle Fischarten und Meeresfrüchte gut geeignet, da sie uns mit hochwertigem Eiweiß versorgen. Zusätzlich sind die sogenannten Fettfische wie Lachs, Hering und Makrele hervorragende Lieferanten für essenzielle Fettsäuren (Omega-3-Fettsäuren) und Vitamin D. Achtet also beim Kauf auf Frische und Qualität, bevorzugt aus kontrollierter Haltung oder Wildfang, und bereitet die Ware zeitnah zu.

Fleisch und Wurstwaren

Fleisch ist in seiner ursprünglichen Form ein guter, kohlenhydratfreier Eiweißlieferant, der außerdem noch viele Fette, Vitamine und Mineralstoffe enthält. Fleischgerichte wie panierte Fleischstücke und Frikadellen oder Wurstwaren wie Pasteten können daneben nicht unerhebliche Mengen an Kohlenhydraten enthalten. Grundsätzlich sollten auch bei einer LCHF-Ernährungsweise Fleisch und Wurstwaren nicht häufiger auf dem Speiseplan stehen als die derzeit von der DGE empfohlenen 300 bis 600 Gramm pro Woche (mittlerer täglicher Verbrauch liegt derzeit bei > 100 Gramm/Tag).

Milch, Milchprodukte und Käse

Grundsätzlich muss bei der Verwendung von Milch und Milchprodukten wie Sahne, Joghurt und Quark vor allem bei striktem oder moderatem LCHF immer auch darauf geachtet werden, dass sie unterschiedlich viele Kohlenhydrate enthalten können. Gänzlich verzichten sollte man auf alle Varianten, die Früchte enthalten, da diese meist auch nennenswerte Mengen an Zucker aufweisen. Käse hat bis auf wenige Ausnahmen wie Käsepastete mit Walnuss, Mozzarella oder Feta keine Kohlenhydrate und ist in der Vollfettstufe ein guter Energielieferant. Allerdings muss man diese Fettenergie natürlich genau berücksichtigen, wenn man das Körpergewicht reduzieren möchte. Grundsätzlich gilt auch hier wieder, auf gute Qualität, möglichst aus ökologischer Landwirtschaft mit Weidehaltung, zu achten.

Fette und Öle

Hervorragend geeignet für unsere Ernährung sind kalt gepresste Pflanzenöle wie Olivenöl und Rapsöl. Man kann sie auch zum Erhitzen, allerdings nur bei moderaten Temperaturen (bis max. 150 °C), verwenden. Bestens geeignet sind sie für die Zubereitung von Salatsaucen oder Dressings.
Derzeit besonders aktuell ist Kokosöl. Für die Herstellung von Kokosöl wird das weiße Fruchtfleisch geraspelt, getrocknet und gepresst. Kokosöl liegt bei Zimmertemperatur nicht als Öl, sondern eher wie weiche Butter vor. Es kann ebenfalls hervorragend zum Kochen eingesetzt werden und verleiht den Speisen eine leichte Kokosnote.

Kokosfett

Früher wurde Kokosfett als billiges, qualitativ minderwertiges Fett betrachtet. Neuere Untersuchungen haben aber gezeigt, dass in Südseeländern und in Südasien, wo der Verbrauch an Kokosfett traditionell hoch ist, gleichzeitig eine erstaunlich gute Gesundheit der Bevölkerung feststellbar ist, ähnlich dem Zusammenhang zwischen der Verwendung von Olivenöl und der guten Gesundheit in mediterranen Ländern.

Sehr vorteilhaft sind Leinöl und Nussöle, diese allerdings nur als Zusatz zu kalten oder bereits fertig gegarten Speisen, da sie Hitze nicht gut vertragen.
Für kurz gebratene Speisen wie Steaks eignen sich z. B. Butterschmalz oder High-oleic-Pflanzenfette. Dabei handelt es sich um Öle, die aus speziellen Sonnenblumen-, Raps- und Distelsorten kalt gepresst werden. Sie können bis 210 °C erhitzt werden und sind damit zum Braten und Frittieren geeignet.
Grundsätzlich ist bei der Verwendung von Fetten wegen der Entstehung von trans-Fettsäuren darauf zu achten, möglichst wenig gehärtete oder teilgehärtete Fette zu verwenden.

Hülsenfrüchte und Nüsse

Hülsenfrüchte sind äußerst wertvolle Lebensmittel. Doch sie enthalten große Mengen an Kohlenhydraten, weswegen sie vor allem bei striktem aber auch bei moderatem LCHF gar nicht oder nur sehr vorsichtig eingesetzt werden können. Allerdings enthalten sie darüber hinaus wertvolles Eiweiß, Mineralstoffe, Vitamine und viele Ballaststoffe. Sie führen gelegentlich gerade wegen ihres hohen Ballaststoffgehalts zu Verdauungsproblemen. Abhilfe kann hier das vorherige Einweichen und anschließende Kochen unter Zugabe von hilfreichen Kräutern und Gewürzen wie Kümmel, Fenchelsamen, Bohnenkraut und Essig schaffen.
Nüsse enthalten viele wertvolle Fettsäuren (z. B. Walnusskerne Omega-3-Fettsäuren), Vitamine und Mineralstoffe. Allerdings enthalten sie, bedingt durch den hohen Fettgehalt, auch viel Energie, im Schnitt ca. 600 Kilokalorien bzw. 2500 kJ pro 100 Gramm. Sie sollten also vor allem dann, wenn Gewicht reduziert werden soll, nur in kleinen Mengen auf dem Speiseplan stehen.

Obst

Obst steht hier erst an vorletzter Stelle. Eigentlich verwunderlich. Aber Obst enthält relativ hohe Mengen an Kohlenhydraten, vor allem als Fruktose. Einerseits heißt es ja »An apple a day, keeps the doctor away« – sicher nicht verkehrt, betrachtet man den Gehalt an Vitaminen. Andererseits hat Apfel aber auch 11 Gramm Kohlenhydrate pro 100 Gramm – damit ist die Hälfte des Tageslimits bei striktem LCHF schon erreicht.
Es muss aber bei moderatem LCHF nicht gänzlich auf Obst verzichten werden. Beerenobst z. B. hat einen relativ geringen Kohlenhydratgehalt. Und bei liberalem LCHF oder kohlenhydratarmer Ernährung können alle Obstarten maßvoll in die Ernährung einbezogen werden.

Vollkornprodukte

Damit sind alle Lebensmittel gemeint wie Vollkornreis, Vollkornnudeln, Vollkornbrote etc. sowie Kartoffeln. Auch diese Lebensmittel müssen nicht auf Dauer aus unserem Leben verschwinden. In den Bereichen moderates, liberales LCHF und vor allem bei kohlenhydratarmer Ernährung spielen sie durchaus wieder eine Rolle und können unseren Speiseplan bereichern. Allerdings gilt generell, dass all diese Produkte selten und maßvoll genossen werden sollten. Die Nahrungspyramide auf Seite 36 veranschaulicht alle Empfehlungen auf einen Blick.

Sonstige Lebensmittel

Neben den Hauptgruppen an Lebensmitteln gibt es viele kleine Helfer, welche unser Essen schmackhaft und in seiner Konsistenz angenehmer machen bzw. für Alternativen sorgen.

Süßungsmittel

Aus den vorherigen Kapiteln ist bereits bekannt, warum wir auf die Verwendung von freiem Zucker (Haushaltszucker, Glukose, Fruktose) verzichten sollten. Doch welche Möglichkeiten gibt es daneben, etwas »Süße« in unser Leben zu bringen?

Süßstoffe Bei Süßstoffen handelt es sich um meist synthetisch hergestellte Ersatzstoffe, die die 30-300-fache Süßkraft von Haushaltszucker besitzen, aber keine oder kaum Kalorien mitbringen, da sie im menschlichen Organismus nicht verwertet werden können. Sie kommen in der modernen Lebensmittelindustrie immer dann zum Einsatz, wenn es darum geht, kalorienreduzierte Lebensmittel herzustellen, und sind kennzeichnungspflichtig (E 950–955, 957–962, 969). Da Süßstoffe häufig in höheren Dosierungen eine spezielle Geschmacksnote (z. B. Saccharin – metallisch; Neohesperidin – mentholartig) mitbringen, werden sie häufig als Gemische verwendet. Der Vorteil von Süßstoffen ist, dass sie eben sehr wenig Kalorien beinhalten und an den Zähnen keine Karies verursachen, da sie von den Bakterien der Mundhöhle nicht zu Säuren abgebaut werden können. Allerdings haben Untersuchungen gezeigt, dass die Verwendung von Süßstoffen zum Zweck der Kalorienreduktion fatal sein kann und eher zu einer Gewichtszunahme führt. Dies liegt möglicherweise daran, dass unser Stoffwechsel der Aufnahme von sehr süß schmeckenden Nahrungsmitteln, in denen aber nicht die erwartete Zuckermenge vorhanden ist, mit einer Gegenregulation begegnet. Es fehlt die Information »hoher Blutzuckerwert« und somit die Information an das Sättigungszentrum (vgl. Schaubild Seite 15). Der Organismus sendet das Signal »Hunger« aus und wir werden genötigt, ein paar Kalorien »nachzulegen«. Verschiedentlich wird auch diskutiert, inwieweit die übermäßige Verwendung von Süßstoffen bzw. deren Gemische sogar weitere Gesundheitsrisiken bis hin zur Förderung des Krebswachstums haben. Von der Verwendung von Süßstoff bei der LCHF-Ernährungsweise ist also eher abzuraten.

Steviaprodukte werden aus den Blättern der in Paraguay beheimateten Pflanze Stevia rebaudiana gewonnen.

Stevia Bei der Steviasüße, die als Stoffgemisch, die sogenannten Steviolglykoside, aus der Steviapflanze gewonnen wird, handelt es sich streng genommen ebenfalls um einen Süßstoff (E 960). Stevia hat die 200-

bis 300-fache Süßkraft von Haushaltszucker. Grundsätzlich sollte man bei der Verwendung von Zuckeralternativen wie Stevia immer sehr maßvoll vorgehen und ausprobieren, ob es nicht auch etwas weniger »süß« geht. Oftmals stellt sich heraus, dass man bei entsprechender Gewöhnung mit deutlich weniger »Süße« sehr gut zurechtkommt. Der Vorteil von Stevia ist, dass es keine Kalorien besitzt und da es im menschlichen Organismus nicht in den Stoffwechsel eingeschleust wird. Häufig wird Stevia mit Zuckeraustauschstoffen gemischt angeboten, z. B. Stevia-Streupulver mit Erythrit.

Zuckeraustauschstoffe Dabei handelt es sich um Zuckeralkohole, die zwischen 40 Prozent (z. B. Mannit) und 100 Prozent (z. B. Xylit) der Süßkraft von Haushaltszucker entsprechen und kennzeichnungspflichtig (E 420-421, E 953, E 964-968) sind. Sie werden im Körper sehr unterschiedlich verwertet. Mannit, Xylit, Maltit, Isomalt, Sorbit und Lactit steuern 2,4 Kilokalorien pro Gramm zum Energiestoffwechsel bei. Erythrit (E 968) hat bei 70 Prozent Süßkraft keine Kalorien. Wer einen Hund besitzt, der sollte auf Xylit, auch Birkenzucker genannt, besser verzichten, da dieser für Hunde sehr giftig ist.

Kokosblütenzucker Er wird aus dem Saft der Kokosblüte gewonnen. Dabei wird ein Sirup hergestellt, der dann so lange erhitzt wird, bis der Zucker auskristallisiert. Kokosblütenzucker ist also ein Zuckerprodukt, das auch entsprechend viele Kalorien (390 Kilokalorien/100 Gramm) enthält. Aber er wird langsamer verwertet als Haushaltszucker und enthält darüber hinaus Mineralstoffe und natürliche Antioxidantien. Last but not least bringt er einen wunderbar karamelligen Geschmack mit. Er eignet sich gut als kleine Geschmackszugabe – also eher im Sinn eines Gewürzes – in Kombination mit Erythrit.

Alternative Mehle

Für die Herstellung von Backwaren können bei einer LCHF-Ernährungsweise lediglich bei der reduzierten und der liberalen Variante Getreidemehle verwendet werden, und zwar als Vollkornmehle. Als Alternative bieten sich hier zahlreiche Produkte an. Allerdings enthalten diese immer einen gewissen Kohlenhydratanteil und können also in einer strikten oder moderaten LCHF-Variante nur begrenzt verwendet werden.

Nussmehle Macadamiamehl, Mandelmehl oder Walnussmehl haben den Vorteil, dass sie immer eine besondere Geschmacksnote an Speisen bringen – Mandelmehl schmeckt z. B. leicht nach Marzipan. Nussmehle werden zwar entölt, bewahren aber noch Reste der Nussöle, die sehr wertvolle Fettsäuren enthalten.

Samenmehle Ebenfalls zur Herstellung von Backwaren können Mehle aus Leinsamen, Hanfsamen oder Goldleinsamen genutzt werden. Die Herstellung erfolgt aus dem Presskuchen, der nach dem Pressen der Samen zur Ölgewinnung zurückbleibt. Dieser wird dann gemahlen und enthält noch wertvolle Öle und Ballaststoffe. Auch diese Mehle haben eine charakteristische Geschmacksnote.

Sonstige Mehle Kichererbsenmehl wird aus gerösteten Kichererbsen hergestellt und schmeckt nussig-süßlich. Kokosmehl wird aus Kokosfruchtfleisch nach der Kaltpressung gewonnen. Es enthält wertvolle Fettsäuren und Ballaststoffe.

Bindemittel

Um etwa Saucen sämiger, Eintöpfe dickflüssiger und Cremes standfester zu machen, kennt man viele Helfer, die man unter dem Begriff »Bindemittel« zusammenfassen kann.

Flohsamenschalen oder Flohsamenpulver Dabei handelt es sich um die Samenschalen einer aus Indien und Pakistan stammenden Wegerichart. Sie können in der

LCHF-Küche gut als Verdickungsmittel für Saucen oder Suppen eingesetzt werden, da sie neutral schmecken. Man kann das Pulver wegen der guten Klebereigenschaften auch zum Backen von Brot verwenden. Die Schalen eignen sich zum Panieren. Flohsamenschalen werden auch als sanftes Abführmittel verkauft, da sie in Wasser verrührt im Darm stark aufquellen. Sie sind wegen ihres Ballaststoffgehalts sehr gut für die Pflege unserer Dickdarmflora geeignet.

Johannisbrotkernmehl Dieser Lebensmittelzusatzstoff (E 410) wird aus dem Samen des im Mittelmeerraum wachsenden Johannisbrotbaums gewonnen. Er besteht hauptsächlich aus Kohlenhydraten (Mannose und Galaktose), die im menschlichen Verdauungstrakt nicht gut verwertet werden können und als sogenannte Ballaststoffe der Darmflora als Nahrung dienen. Johannisbrotkernmehl eignet sich besonders gut zur Zubereitung warmer Speisen.

Guarkernmehl Es wird aus dem Mehl der Guarbohne hergestellt. Es kann im menschlichen Verdauungsapparat nicht verwertet werden. Es kann sowohl für warme als auch für kalte Speisen verwendet werden.

In der japanischen Küche sind Shirataki-Nudeln sehr beliebt. Das Rezept zu diesem Gericht steht auf Seite 104.

Kartoffelfasern Das ist eine Art Restprodukt, wenn der Kartoffel ein Großteil ihrer Stärke und das Wasser entzogen werden. Die zurückbleibenden Kartoffelfasern werden dann gemahlen und eignen sich hervorragend als Bindemittel für Saucen oder Suppen. Außerdem können sie auch sehr gut zum Backen eingesetzt werden. Sie enthalten noch 65 Kilokalorien oder 193 Kilojoule an Kalorien und 8 Gramm Kohlenhydrate pro 100 Gramm. Das muss natürlich mitberücksichtigt werden, aber dafür geben sie den Gerichten auch eine wunderbare Kartoffelnote.

Konjak-Produkte Diese Produkte werden aus dem Mehl der Konjakwurzel, der Knolle der Teufelszunge, hergestellt. Konjakwurzeln enthalten Glucomannane (Polysaccharide), die im menschlichen Verdauungstrakt nicht verwertet werden können. Das Mehl ist in Europa ein kennzeichnungspflichtiger Zusatzstoff (E 425). In der japanischen Küche sind Konjak-Produkte als »Shirataki« (Nudeln) weitverbreitet. Zwischenzeitlich gibt es auch in Europa, vor allem im Internet, gute Bezugsmöglichkeiten und eine breite Palette von Produkten wie Spaghetti, Fettuccine oder Reis. Alle diese Produkte beinhalten sehr wenig Energie und keinerlei verwertbare Kohlenhydrate.

Erbsenprotein Erbsenprotein wird aus gelben Spalt- oder Schälerbsen hergestellt, hat einen sehr guten Nährwert, da essenzielle und nicht essenzielle Aminosäuren in einem günstigen Verhältnis vorliegen. Außerdem liefert es viel wertvolles Eisen. Es eignet sich aufgrund seiner leichten Löslichkeit sehr gut für Suppen, Saucen, Dressings und Backwaren.

Alternativen zu Milch

Für alle, die auf die Verwendung von Kuhmilch verzichten müssen oder möchten, gibt es eine Reihe von Alternativen aus Mandeln, Haselnüssen, Macadamianüssen, Kokosnuss oder Soja. Die Getränke aus Nüssen haben auch immer einen hervorragenden Geschmack.

Getränke

Wasser Hervorragend geeignet ist Wasser. Es bringt keinerlei Kalorien ein und ist immer verfügbar. Man kann das Wasser mit einem Spritzer Zitronen- oder Limettensaft aromatisieren, auch ein paar gequetschte Blätter Minze oder eine Scheibe Ingwer können einen guten Geschmack entfalten. Alternativ sind auch ungesüßte Kräutertees gut geeignet. Gemieden werden sollten alle Arten von gezuckerten oder mit Süßstoffen versetzten Getränken (auch Saft und Saftmischgetränke).

Grüner Tee Eine Tasse grüner Tee nach dem Essen ist auch empfehlenswert, da er den Fettstoffwechsel unterstützen und die Fettverbrennung ankurbeln kann.

Alkoholisches Bei alkoholischen Getränken sollte grundsätzlich zweierlei bedacht werden: Erstens wirkt sich die Aufnahme von Alkohol immer negativ auf den Fettstoffwechsel in der Leber aus und zweitens bringt Alkohol eine nennenswerte Menge an Kalorien mit (7 Kilokalorien pro Gramm). Wer nicht ganz auf Alkohol verzichten möchte, sollte sich auf ein gelegentliches Glas trockenen Rot- oder Weißweins guter Qualität beschränken.

Umstellung auf LCHF

Wer sich bewusster ernähren will und insgesamt ausgewogener leben möchte, der achtet auf die richtige Auswahl seiner Lebensmittel und auf deren Art der Zubereitung sowie auf Bewegung im Alltag.

Lebensmittel meiden?

Klar, von Zucker, weißem Mehl und poliertem Reis sollten wir uns nach Möglichkeit komplett verabschieden. Alle Arten von Fertigprodukten sind sehr mit Vorsicht zu genießen, da zwar auf der Zutatenliste angegeben werden muss, was sich im Produkt befindet, aber die Lebensmittelindustrie in der Namensgebung doch recht kreativ ist, wie am Beispiel Zuckersirup und Glutamat bereits erläutert wurde. Auch die Verwendung von Zucker wird häufig gut verborgen. Scheinbar zuckerfreie Lebensmittel enthalten bei genauerem Hinsehen zwar keinen zugesetzten Zucker in Form von Haushaltszucker, sondern »versteckten« Zucker über Zutaten wie alle auf »-ose« endenden Zutaten (z. B. Oligofructose, Raffinose, Dextrose), Milcherzeugnisse (Süßmolkepulver, Magermilchpulver, Milchzucker, Laktose), Malz oder Maltose, Zuckersirupe, Dextrine, klangvolle Namen wie Traubensüße oder Traubenzucker oder Naturprodukte wie Honig, Agavendicksaft, Ahornsirup oder Kandis. Die Problematik ist also einerseits, überhaupt zu erkennen, in welchen Zusätzen sich überall Zucker verbirgt. Andererseits kann z. B. bei Schokowaffeln als erste Zutat einfach Edel-Vollmilchschokolade angegeben sein – klingt erst einmal gut, bedeutet aber, dass sich bereits der gesamte Zucker und Fettgehalt der Schokolade im Produkt befindet, ohne dass dieser nochmals aufgeführt werden muss. Außerdem enthalten hochverarbeitete Lebensmittel häufig noch Zusatzstoffe, die zwar nicht direkt gesundheitsschädlich, vor allem in unterschiedlichen Kombinationen aber auch nicht wirklich gesundheitsfördernd sind. Besser sind da allemal Gerichte aus frisch zubereiteten Zutaten.

Welche Schwierigkeiten können auftreten?

Während der Umstellungsphase von der »normalen« Ernährung auf eine ketogene Ernährungsweise – wie bei der moderaten LCHF-Ernährungsweise – kann es zu kleineren Problemen kommen. Aber das ist auch nicht weiter verwunderlich, da sich der Organismus erst auf die neue Stoffwechselsituation einstellen muss. Unser Stoffwechsel ist ein hochkomplexes System, das in Gänze neu eingestellt und reguliert werden muss. Diese Phase kann individuell unterschiedlich zwei bis drei Tage, aber auch bis zu zwei Wochen betragen. Als Symptome können eine gewisse Müdigkeit, Gereiztheit, Schwindel und Blutdruckschwankungen auftreten. Diesen kann man gut durch eine ausreichende Flüssigkeitsaufnahme und gelegentlich mit einem Glas leicht gesalzenem Wasser oder Gemüsebrühe begegnen. Bei der Variante »striktes« LCHF sollte man sich auf alle Fälle von einem Arzt beraten lassen, da diese Variante, über einen längeren Zeitraum hinweg angewendet, durchaus problematisch werden kann. Ist die Umstellungsphase aber erst einmal überwunden, kann man häufig feststellen, dass man nur noch selten ein richtiges Hungergefühl entwickelt, da der Körper über die Ketonkörper immer gut versorgt ist. Auch der Verzicht auf süße Produkte sollte dann kein größeres Problem mehr darstellen.

Sport treiben?

Ja, unbedingt. Man kann zwar seinem Körpergewicht nicht davonlaufen, aber man kann eine Gewichtsreduktion durch sportliche Aktivitäten unterstützen. Außerdem ist es auf alle Fälle ratsam, seine Muskeln und Gelenke durch körperliche Bewegung zu pflegen und beweglich zu halten. Die meisten Menschen üben derzeit häufig sitzende oder stehende Tätigkeiten aus. Dies führt irgendwann zu Verspannungen und Fehlbelastungen, wenn nicht aktiv dagegen vorgegangen wird. Dabei ist es nahezu egal, welche Art von Sport gemacht wird. Wichtiger ist, dass dieser Sport regelmäßig ausgeübt wird. Jeder sollte die für sich am besten geeignete Sportart und Umgebung finden. Für den einen ist es die Bewegung in der freien Natur, wie Radfahren oder Wandern, andere finden sportliche Aktivitäten unter persönlicher Anleitung und in Gesellschaft in einem Fitnessstudio attraktiver. Man kann aber auch sehr gut zu Hause unter Anleitung einer der vielen Sport-Apps trainieren. Während der ersten Wochen der LCHF-Ernährungsweise kann es wegen der Umstellung des Stoffwechsels sinnvoll sein, die sportlichen Aktivitäten etwas zu reduzieren. Man muss in dieser Phase besonders auf seinen Körper achten. Wenn man sich eher müde und schlapp fühlt, sollte man auch keine sportlichen Höchstleistungen erwarten.

Wie Feiern und Feste überstehen?

Meist wird zu diesen Gelegenheiten alles Mögliche angeboten, was bei der LCHF-Ernährungsweise nicht an vorderster Stelle steht – Kuchen aus Weißmehl, süße Desserts, Speisen mit Nudeln, Kartoffeln etc. Wenn man Lust darauf hat, bei dieser Gelegenheit einmal »über die Stränge zu schlagen«, muss man sich auch einmal eine Pause von der LCHF-Lebensweise gönnen. Denn ein Leben, das nur aus Verzicht und Entsagung besteht, wird auf Dauer keinen Spaß machen und man wird die LCHF-Ernährungsweise irgendwann komplett über Bord werfen. Gelegentlich muss man vielleicht auch einmal »sündigen«. Es reicht dann auch schon, wenn man von allem einfach etwas weniger isst, das dann aber aus vollem Herzen und mit allen Sinnen genießt. Wenn die Feiertage vorbei sind, kehrt man dann zu seiner LCHF-Ernährungsweise zurück und behält die vergangenen Tage in guter Erinnerung.

Wie mit dem Angebot umgehen?

Versucht, Euch drei Mahlzeiten am Tag anzugewöhnen. Ihr werdet schnell feststellen, dass das durchaus ausreichend ist und man keine größeren Hungerattacken überstehen muss, da die fettreichere Ernährungsweise für ein länger anhaltendes Sättigungsgefühl sorgt. Vermeidet nach Möglichkeit, zwischen den Mahlzeiten zu naschen. Wenn allerdings das Hungergefühl doch zu groß wird, dann greift ausnahmsweise mal zu einem kleinen Stück Käse oder zu ein paar Nüssen. Gänzlich verzichten solltet Ihr auf gesüßte Getränke wie Limonaden, Fruchtsaftgetränke und Fruchtnektare.

Sollte das Augenmerk auf einer Gewichtsreduktion liegen, dann sollte bei den angebotenen Rezepten auch immer der Energiegehalt zumindest im Auge behalten werden. Auch sehr wenige Kohlenhydrate in Verbindung mit sehr viel Fett und Eiweiß bringen auf Dauer zu viele Kalorien. Abnehmen kann man aber nur, wenn man sich längere Zeit unter dem erforderlichen Energieniveau ernährt. Unter Umständen ist es dann angezeigt, z. B. statt des im Rezept angegebenen griechischen Joghurts, eine fettärmere Variante zu wählen.

Wenn es sich »nur« um eine kleine Korrektur des Gewichts um ein paar Kilo handelt, reicht es vermutlich, wenn für ca. vier Wochen ein moderates LCHF-Niveau ausgewählt und anschließend langsam über das liberale LCHF zum kohlenhydratarmen Essen übergegangen wird. Dieses sollte dann dauerhaft als Essgewohnheit beibehalten werden. Bei allen Varianten, bei denen es sich um Gewichtsreduktion in größerem Umfang handelt, sollte man sich auf alle Fälle von einem Arzt beraten und begleiten lassen. Wenn Vorerkrankungen wie z. B. Bluthochdruck bestehen, ist es ebenfalls ratsam, sich von einem Arzt beraten zu lassen.

Auf einen Blick

Jede LCHF-Ernährungsweise muss individuell zugeschnitten und angepasst werden, da der Stoffwechsel sehr individuell ist. Formuliere Deine Ziele (gesündere Lebensweise mit oder ohne Gewichtsreduktion) und wähle das für Dich passende LCHF-Niveau. Achte auf Deinen Körper und die Signale, die er Dir schickt.

- ☐ **Versuche, Dein Leben etwas zu entschleunigen. Unter Stressbedingungen wird Dein Stoffwechsel auch gestresst reagieren.**
- ☐ **Achte auf genügend Schlaf.**
- ☐ **Genieße Dein Essen.**
- ☐ **Lass Dir Zeit beim Essen, denn ein Sättigungsgefühl kann sich erst nach 20 bis 30 Minuten einstellen.**
- ☐ **Wenn Du Lust auf eine »Sünde« hast, dann genieße diese ohne Reue. Allerdings sollten »Cheat-Days« auch nicht allzu sehr ausufern.**
- ☐ **Lass Dich nicht von Deiner Waage terrorisieren. Abnehmen ist kein Wettbewerb und geht auch nicht immer im gleichen Tempo. Lass Dich nicht entmutigen, wenn Du scheinbar an einer Marke festhängst.**

Sollten Familienmitglieder oder Gäste kein Interesse an einer Umstellung Eurer Ernährungsgewohnheiten haben, dann können viele Gerichte durch kleine Abwandlungen wie das Hinzufügen einer Portion Reis, Nudeln oder Kartoffeln – in der Vollwertvariante soweit möglich – auch für diese attraktiv gestaltet werden.

Kohlenhydratgehalte verschiedener Lebensmittel (g Kohlenhydrate/100 g Lebensmittel)

0 –1 g	Blattsalat, Eier, Fett[(1)], Fisch, Fleisch, Geflügel, Käse[(1)], Krustentiere[(1)], Öl, Pilze[(1)], Wurst[(1)]
1–5 g	Artischocke, Aubergine, Avocado, Bierschinken, Bärlauch, Blumenkohl, Bohnen, Borretsch, Brokkoli, fettreduzierte Butter, Cantaloupe-Melone, Chicorée, Chinakohl, Cranberry, Fenchel, Frischkäse, Gurke, Himbeere, Innereien, Johannisbeere, Käsepastete mit Walnuss, Karotte, Knollensellerie, Kohlrabi, Kohlsorten, Kresse, Lauch, Limette, Mangold, Naturmilchprodukte[(1)], Oliven, grüne Paprikaschoten, Quark, Radieschen, Schnittlauch, Schwarzwurzel, Spargel, Spinat, Sprossen, Staudensellerie, Tofu, Tomate, Wirsing, Zitrone, Zitronenmelisse, Zucchini, Zwiebel
5–10 g	Aprikose, Auster, Beerenobst, Butternusskürbis, Clementine, Crème fraîche, Galia-Melone, Grapefruit, Jakobsmuschel, Kiwi, Kräuter[(1)], rote und gelbe Paprikaschoten, Petersilienwurzel, Orange, Kuhmilch, Nüsse[(1)], Papaya, Pfirsich, Rote Bete, Steckrübe, Trüffel, Wassermelone
10–15 g	Ananas, Apfel, Birne, Dicke Bohnen, grüne Erbsen, Feige, Hokkaidokürbis, Honigmelone, Kirschen, Litschi, Mango, Meerrettich, Mirabelle, Oregano, Passionsfrucht, Pastinake, Physalis, Pflaume, Sesamsamen, Sonnenblumenkerne, Zuckerschoten, Zuckermais, Walnusskerne
15–20 g	Fleischpasteten, Granatapfel, Kaki, Kartoffeln, Kichererbsen[(K)], Kidneybohnen[(K)], Kumquat, Weintrauben, Weizenkleie
20–25 g	Banane, Linsen[(K)], Süßkartoffel, Trinkschokolade
25–30 g	Gojibeeren[(G)], Knoblauch
30–35 g	Cashewnüsse, weiße Bohnen[(R)], Weizenkeime
35–40 g	Chiasamen, Pumpernickel, Sonnenblumenvollkornbrot
40–50 g	Aprikose[(G)], Croissant, Kichererbsen[(R)], Linsen[(R)], Maronen, Mungobohnen, Pflaume[(G)], Preiselbeere[(K)], Vollkornbrötchen
50–60 g	Apfel[(G)], Brötchen, Feige[(G)], Haferflocken, Laugenbrezel, Quinoa, Weizenflocken
60–70 g	Datteln, Hirse, Maismehl, Rosinen, Vollkornmehle, Vollkornnudeln[(R)]
70–80 g	Buchweizen, Nudeln aus Weißmehl[(R)], Reis[(R)], Roggenmehl, Weizenmehl
>80 g	Cornflakes, Reisstärke, Sago, Tapiokastärke, Weizenstärke

(K) = Konserve; (1) = die meisten Sorten, Ausnahmen siehe Einzelnennung; (R) = roh; (G) = getrocknet

thermomix
VORWERK
Menü
06 35
Min.:Sek.
37
37
°C
1

INFOS UND

WISSENSWERTES

ÜBER DEN THERMOMIX®

Thermomix® – ein Alleskönner

Der Thermomix® (TM) ist eine Multifunktionsküchenmaschine, die zwölf Funktionen in einem Gerät vereint. Sie kann zerkleinern, mahlen, rühren, kochen, dampfgaren, schlagen, vermischen, mixen, emulgieren, kneten, wiegen und kontrolliert erhitzen. Der TM5 hat mit 2200 Milliliter etwas mehr Fassungsvermögen als sein Vorgänger, der TM31, der nur 2000 Milliliter fasst. Unsere Rezepte können mit beiden Modellen nachgekocht werden.

Die Bestandteile des Gerätes

Der Thermomix® besteht aus dem Grundgerät, einem Mixtopf, einem Mixmesser, auf das ein Rühraufsatz aufgesetzt werden kann, einem Mixtopfdeckel, einem kleinen (100 Milliliter) Messbecher, einem Spatel, einem Gareinsatz und dem Varoma, der sich zusammensetzt aus Varoma-Behälter, Varoma-Einlegeboden und Varoma-Deckel.

Gehäuse Die Schaltzentrale als grundsolides Tischgerät mit Display, Funktions-Wahltaste und Temperaturanzeige.

Mixtopf Ohne ihn läuft gar nichts. Mit Temperatursensoren und einer eingebauten Heizung im Boden ist er Kochplatte und Kochtopf in einem. Die praktische Ausbuchtung des Mixtopfrandes ermöglicht es, z. B. Suppen, Saucen und Eintöpfe direkt und ohne Kleckern in die am besten vorgewärmten Teller zu füllen.

Mixmesser Von weich bis kräftig kann es schneiden, mischen, kneten oder eben doch nur ganz sanft umrühren. Zum Schlagen von Sahne oder Eiweiß verwenden wir in unseren Rezepten den Rühraufsatz, der wie ein Schmetterling auf das Messer gesetzt wird. Er darf nicht höher als auf Stufe 4 eingesetzt werden, da er sonst beschädigt werden kann.

Mixtopfdeckel Nur wenn der Deckel verriegelt ist, fängt das Gerät überhaupt erst an zu arbeiten. Durch seine Öffnung kann man Zutaten im laufenden Betrieb dazugeben. Pfiffig: Er hilft auch beim Abwiegen.

Messbecher Außer beim Dämpfen mit dem Varoma-Aufsatz, wird der Messbecher bei allen Arbeitsschritten stets in den Mixtopfdeckel eingesetzt. Ausnahmen werden im entsprechenden Arbeitsschritt erwähnt.

Spatel Um den Zerkleinerungsvorgang zu unterstützen, kann der Spatel während des Zerkleinerns durch die Deckelöffnung gesteckt und im Mixtopf bewegt werden. Dadurch werden die Zutaten in das Messer geschoben. Die Manschette des Spatels verhindert, dass dieser vom Mixtopfmesser erfasst wird. Der heiße Gareinsatz kann mithilfe des Hakens am Spatel sicher entnommen werden.

Gareinsatz Er wird zum Kochen oder Dampfgaren direkt in den Mixtopf eingesetzt. Die Zutaten werden nicht vom Mixmesser berührt. Außerdem kann der Gareinsatz beim Kochen ohne Messbecher (z. B. zum Reduzieren von Flüssigkeit) als Spritzschutz auf den Mixtopfdeckel gesetzt werden. Der Vorteil ist, dass die Flüssigkeit als Dampf entweichen kann, ohne dass das Gargut herausspritzt. Dient auch als Sieb.

Varoma-Behälter Der Varoma-Behälter wird zum Dämpfen von Zutaten auf den Thermomix® gesetzt. In den Rezepten steht dazu dann z. B. 20 Minuten/Varoma/Stufe 1. Eine Stufe muss immer eingestellt sein, einfach, damit der Thermomix® loslegt. Das Messer dreht sich dann ganz langsam mit, was beim Dämpfen aber keine Rolle spielt.

Varoma-Einlegeboden Auch dieser Einsatz hat Schlitze zum Dampfdurchlassen. Seine zwei passgenauen Griffe lassen ihn ganz einfach in den Varoma-Behälter einhängen. Darauf dämpft man weitere Zutaten.

Optimal dampfgaren

»Varoma« – im Namen steckt das Wort »Aroma« –, lässt im Dampf gegarte Speisen sich ihr eigenes Aroma erhalten, super lecker und gesund.

Optimal schichten Für ein optimales Ergebnis soll man die Zutaten schichten. In den Gareinsatz kommen Zutaten mit der längsten Garzeit, in den Varoma-Behälter die Zutaten mit mittlerer Garzeit und in den Varoma-Einlegeboden jene mit der kürzesten Garzeit.

Luftzirkulation Um eine gleichmäßige Dampfzirkulation zu gewährleisten, müssen nach dem Einlegen des Garguts in den Varoma-Behälter einige Schlitze am Boden frei bleiben.

Backpapier bzw. Dämpfpapier helfen Kein Kleckern aus dem Varoma-Einlegeboden! Wenn flüssige Zutaten (z. B. für ein Omelett) gedämpft werden sollen oder wenn verhindert werden soll, dass Garflüssigkeit aus dem Varoma-Einlegeboden auf die Zutaten im Varoma-Behälter heruntertropft, legt man am besten ein zugeschnittenes Backpapier oder ein spezielles Dämpfpapier ein. Die Dampfschlitze am oberen Rand des Varoma-Einlegebodens müssen dabei frei bleiben.

Funktionen

In den Rezepten werden Symbole und Stufenangaben verwendet, die das Lesen und Nachkochen der Anleitungen erleichtern:

Bei dem Zeichen Bei diesem Zeichen wird die Linkslauf-Funktion des Thermomix® verwendet. Da sich das Mixmesser hier mit der stumpfen Seite voraus dreht, wird das Gargut vermischt, aber nicht mehr, bzw. sehr weiche Zutaten nicht mehr so stark zerkleinert. Wichtig: Wird das Zeichen im nächsten Arbeitsschritt nicht mehr angezeigt, muss der Linkslauf deaktiviert werden!

Bei dem Zeichen 120° Varoma Bei diesem Zeichen wird die Temperatur des TM31 auf Varoma eingestellt, beim TM5 auf 120 °C.

Knetstufe Der Teigmodus des Thermomix®, der mittels der »Knetstufe« aktiviert wird, wird bei schweren Teigen verwendet, also bei Teigen, die gut geknetet werden müssen.

Sanftrührstufe In dem Modus der »Sanftrührstufe« werden die Zutaten sehr schonend miteinander verrührt.

Zeitangaben

Bei den Rezepten werden verschiedene Zeiten angegeben, um den Aufwand bei der Zubereitung abschätzen zu können. Diese bedeuten:

Zubereitungszeit Diese Zeitangabe umfasst alle Arbeitsschritte, in denen aktiv am Rezept gearbeitet wird, wie z. B. das Waschen und Schälen der Zutaten.

Gesamtzeit Die Gesamtzeit umfasst die Zubereitungszeit, in der aktiv an einem Rezept gearbeitet wird, sowie die Zeit, in der der Thermomix® ohne Zutun allein arbeitet. Wenn parallel keine Arbeitsschritte im Rezept erfolgen, sind Abkühlzeiten und Gefrierzeiten nicht miteinberechnet und werden extra angegeben.

Gar- und Rührzeiten Die Gar- und Rührzeiten sind abhängig von der Menge und Qualität der Zutaten. Abhängig von vielen Faktoren, benötigen natürliche Zutaten wie Mehle manchmal etwas mehr oder weniger Flüssigkeit als in unseren Rezepten angegeben. Auch der Reifegrad von Obst und Gemüse hat Einfluss auf Geschmack, Konsistenz und Aussehen der Speisen.
Backzeiten Backzeiten sind abhängig vom Backofen, der Größe und dem Material der Backform und vom Umstand, ob der Backofen vorgeheizt wurde oder nicht. Die Rezepte in diesem Buch schlagen vor, den Backofen vorzuheizen.
Sonstige Einflüsse Besonders kalte oder noch tiefgekühlte Zutaten verlängern die Garzeit. Auch der persönliche Geschmack bestimmt das Resultat. Manche mögen ihr Gemüse weicher. Kein Problem! Die Garzeit kann selbstverständlich verlängert werden. Wichtig ist, bei Verwendung des Varomas, zusätzlich Flüssigkeit in den Mixtopf nachzugeben.

Reinigung des Mixtopfs

Muss der Mixtopf während eines Rezeptes gereinigt werden, geben wir diesen Schritt vor.
Mixtopf ausspülen Hier reicht es, den Mixtopf grob mit Wasser auszuschwemmen.
Mixtopf spülen Bei dieser Angabe im Rezept muss der Mixtopf für den nächsten Arbeitsschritt komplett gereinigt und gut abgetrocknet werden.
Messer reinigen Um das Messer von Resten zu befreien, stellt man am besten 5 Sekunden/Stufe 10 ein. Die Reste lassen sich dann mit dem Spatel vom Mixtopfrand entnehmen.
Mixtopf endreinigen Der Mixtopf lässt sich am besten direkt nach dem Gebrauch reinigen. Hierzu ein paar Tropfen Geschirrspülmittel und 500 Gramm Wasser in den Mixtopf geben, auf Stufe 6 stellen und den Linkslauf mehrfach ein- und ausschalten. Bei Bedarf mit einer Bürste oder einem Spültuch nacharbeiten. Danach gut abtrocknen.

Tipps zu den Rezepten

Für viel Spaß und Freude am Thermomix® hier noch ein paar nützliche Hinweise zum richtigen Umgang mit den Lebensmitteln.

Zutaten optimal auswählen

Möglichst saisonal, regional und naturbelassen – das ist unser Credo. Die Auswahl der Zutaten richtet sich dabei nach den Rezepten. Wir bevorzugen folgende Lebensmittel:
Eier Alle in den Rezepten verwendeten Eier haben die Größe M.
Milch & Milchprodukte Wir verwenden unentrahmte Vollmilch (3,5 % Fett), ungesalzene Butter – wobei für weiche Butter diese einige Zeit vor der Verarbeitung aus dem Kühlschrank genommen wird –, Vollrahmsahne mit einem Anteil von mindestens 30 % Fett und Naturjoghurt mit 3,5 % Fettanteil.
Obst Wenn möglich verwenden wir Biofrüchte, vor allem Orangen und Zitronen, bei denen die Schale Bestandteil des Rezeptes ist.
Würzmittel zum Abschmecken Wir haben alle Rezepte mit größter Sorgfalt und Mühe kreiert und abgeschmeckt. Dennoch sind Geschmäcker verschieden. Deshalb: Alle Speisen vor dem Servieren nach eigenem Gusto abschmecken! So etwa bei Chilischoten bedenken, dass der Schärfegrad von der verwendeten Sorte abhängt. Wer es milder mag, entfernt bei frischen Schoten Kerne und Trennwände und verwendet nur das farbige Fruchtfleisch.

Zutaten optimal verarbeiten

Thermomix® TM5 ist ein Gerät mit zwölf Funktionen. Alle Zutaten – außer Gewürze – werden in Gramm gewogen.

Am besten legt man sich alle Zutaten und Hilfsmittel bereit, bevor man mit der Zubereitung beginnt. Die Mengenangaben in den Rezepten machen das Einkaufen leicht und das Zurechtlegen der Zutaten vor dem Kochen einfach, da Putzverluste bereits in die Rezepte mit eingerechnet sind.

Wiegen Gerade beim Abnehmen kommt es ja darauf an, Zutaten abzuwiegen. Auch dafür ist der Thermomix® ideal. Um Zutaten außerhalb des Mixtopfes zu wiegen, einfach eine Schüssel auf den Deckel des Thermomix® stellen, die Tara-Taste drücken und die Zutaten einwiegen. Feste Zutaten können auch ohne Behältnis direkt auf dem Deckel des Mixtopfes gewogen werden. Zum genauen Abwiegen kleiner Mengen, den Messbecher mit der Messöffnung nach oben in den Mixtopfdeckel setzen und darin einwiegen. Auch flüssige Zutaten werden in den Rezepten in Gramm angegeben.

Waschen Die Zutaten sollten vor der Verarbeitung im Thermomix® gründlich unter fließendem kaltem Wasser gereinigt werden, danach am besten mit Küchenpapier trockengetupft werden.

Zerkleinern Um gleichmäßig zerkleinert werden zu können, sollten die Zutaten in maximal 5 x 5 Zentimeter großen Stücken in den Thermomix® gegeben werden, also so, dass sie durch die Öffnung im Deckel passen.

Emulgieren Bei der Zubereitung einer Mayonnaise oder einer sämigen Salatsauce wird das Öl bei eingesetztem Messbecher auf den Thermomix®-Deckel gegossen und es träufelt dann langsam durch die Schlitze zwischen Messbecher und Mixtopfdeckel.

Tricks und Hilfsmittel

Überkochen verhindern Sollte bei der Kreation eigener Rezepte das Gargut im Thermomix® wider Erwarten überkochen, reduziert Ihr einfach die Temperatur auf 90 °C. Behaltet den Thermomix® also im Auge.

Hilfsmittel Für unsere Rezepte brauchen wir immer wieder mal Backpapier, zuweilen auch Alufolie oder sonst ein besonderes Hilfsgerät wie einen Spiralschneider. Zum Dämpfen empfehlen wir auf Größe des Varomas fertig zugeschnittenes Dämpfpapier. Durch die perfekte Passform sparen wir uns das mühsame Zuschneiden. Es schützt das Gargut in den unteren Varoma-Ebenen vor herabtropfender Flüssigkeit, wie Fett, Fleisch- oder Fischsäften. Diese Angaben sowie zusätzliches Mehl oder Wasser haben wir unter »Außerdem« zusammengefasst, damit man auf einen Blick sieht, was man braucht.

REZEPTE

FRÜHSTÜCK

AUS DEM THERMOMIX®

Beeren-Nuss-Quark (Foto Seite 52)

Zubereitungszeit: 15 Minuten • Gesamtzeit: 15 Minuten

Für 2 Portionen

- 30 g Nüsse
- 220 g Beeren
- 1/2 Vanilleschote
- 2 TL Mineralwasser mit Kohlensäure
- 1 TL Kokosblütenzucker (z. B. nu3®)
- 20 g Haferkleie
- 250 g Quark (20 % Fett i. Tr.)

1. Nüsse in den Mixtopf geben und **4 Sekunden/Stufe 5** hacken. Eine Pfanne auf mittlere Temperatur erhitzen und die Nüsse darin unter Rühren goldbraun anrösten. Beiseite geben.
2. Beeren putzen. Vanilleschote längs aufschlitzen und das Mark herauskratzen. 200 Gramm Beeren, Vanillemark, Mineralwasser und Kokosblütenzucker in den Mixtopf geben, **8 Sekunden/Stufe 10** pürieren und mit dem Spatel nach unten schieben.
3. Haferkleie mit Quark in den Mixtopf geben und **10 Sekunden/Stufe 3** verrühren.
4. Die Quarkmischung mit den gerösteten Nüssen anrichten und mit den restlichen Beeren garnieren.

Nährwerte/Portion: *333 kcal • 20 g Eiweiß • 22 g Kohlenhydrate • 16 g Fett*

Brokkoli-Frühstücks-Omelett (Foto)

Zubereitungszeit: 10 Minuten • Gesamtzeit: 35 Minuten

Für 2 Portionen

- 1/2 Bund Petersilie
- 50 g Champignons
- 150 g Brokkoliröschen
- 100 g Kirschtomaten
- 4 Eier
- 1/2 TL Salz
- 30 g Sahne (30 % Fett)
- 100 g Gouda in Scheiben (40 % Fett i. Tr.)

Außerdem:
- Backpapier oder Dämpfpapier
- 500 g Wasser

1. Petersilie waschen, trockentupfen, in den Mixtopf geben, **3 Sekunden/Stufe 8** zerkleinern und beiseite geben.
2. Pilze putzen, Brokkoli waschen und putzen. In den Mixtopf geben und **3 Sekunden/Stufe 5** zerkleinern. Beiseite geben. Tomaten waschen, putzen und in Scheiben schneiden.
3. Eier, Salz und Sahne im Mixtopf **15 Sekunden/Stufe 4** mischen.
4. Varoma-Einlageboden mit Papier auskleiden. Die Eimischung daraufgießen und das Gemüse daraufverteilen. Mit Käse belegen.
5. Wasser in den Mixtopf geben, Varoma aufsetzen und das Omelett **25 Minuten/Varoma/Stufe 1** dämpfen. Mit Petersilie bestreuen.

Nährwerte/Portion: *429 kcal • 33 g Eiweiß • 7 g Kohlenhydrate • 29 g Fett*

Schoko-Quinoa-Müsli

Zubereitungszeit: 15 Minuten • Gesamtzeit: 45 Minuten

Für 6 Portionen

- 60 g weiße Quinoa
- 1/2 Vanilleschote
- 30 g Chiasamen
- 50 g geschälte Mandeln
- 50 g Macadamianüsse
- 160 g Wasser
- 2 Prisen gemahlener Zimt
- 15 g Backkakao
- 15 g natives Kokosöl

Außerdem:

- Backpapier
- 1 luftdicht verschließbares Gefäß (1 l Inhalt)

1. Quinoa in ein feines Sieb geben, unter fließendem Wasser gründlich abwaschen und gut abtropfen lassen.

2. Die halbe Vanilleschote längs aufschlitzen und das Mark herauskratzen. Chiasamen und Vanillemark in den Mixtopf geben, **20 Sekunden/Stufe 10** zerkleinern und beiseite geben.

3. Mandeln und Macadamianüsse in den Mixtopf geben, **5 Sekunden/Stufe 6** hacken und beiseite geben.

4. Quinoa, Wasser, Zimt und Backkakao in den Mixtopf geben und **10 Minuten/90 °C/⟲/Stufe 1** köcheln lassen.

5. Backofen auf 160 °C (Umluft 140 °C, Gas Stufe 1–2) vorheizen. Ein Backblech mit Backpapier auslegen.

6. Kokosöl, Chiasamen und Nüsse in den Mixtopf geben und **30 Sekunden/⟲/Stufe 3** vermischen.

7. Die Masse auf dem Backpapier glatt streichen und auf der mittleren Schiene des Backofens 20 bis 30 Minuten backen. Regelmäßig kontrollieren, da das Müsli leicht verbrennt.

8. Das Müsli abkühlen lassen, zerbröseln und in einem luftdichten Gefäß aufbewahren.

Info: Wer das Müsli süß mag, kann es nach eigenem Geschmack mit einer Erythrit-Stevia-Mischung oder Erythrit nachsüßen.

Nährwerte/Portion: *206 kcal • 5 g Eiweiß • 9 g Kohlenhydrate • 16 g Fett*

Zitronenfrischkäse auf Eiweißbrot

Zubereitungszeit: 15 Minuten • Gesamtzeit: 15 Minuten

Für 2 Portionen

- 1 Bund Dill
- 1/2 unbehandelte Zitrone
- 1/2 TL Salz
- 200 g Salatgurke
- 200 g körniger Frischkäse (3,5 % Fett i. Tr.)
- 1 TL Dijonsenf
- 2 Scheiben Eiweißbrot (à 40 g, Seite 65)
- bunter Pfeffer

Außerdem:

- 1 Zestenreißer

1. Dill waschen, trockentupfen und die dicken Stängel entfernen. Dillblättchen in den Mixtopf geben, **3 Sekunden/Stufe 8** zerkleinern und mit dem Spatel nach unten schieben.

2. Zitrone heiß abwaschen, mit einem Zestenreißer etwas von der Schale abziehen und dann den Saft auspressen. Zitronensaft und Salz in den Mixtopf geben und **3 Sekunden/Stufe 8** mixen.

3. Gurke waschen, in Stücke schneiden, in den Mixtopf geben und **3 Sekunden/Stufe 4** zerkleinern.

4. Frischkäse und Dijonsenf in den Mixtopf geben und **7 Sekunden/⟲/Stufe 3** vermischen. Auf die Brotscheiben streichen und mit Pfeffer und Zitronenschale bestreuen.

***Nährwerte/Portion**: 261 kcal • 22 g Eiweiß • 12 g Kohlenhydrate • 10 g Fett*

Erdbeer-Vanille-Konfitüre

Zubereitungszeit: 20 Minuten • Gesamtzeit: 25 Minuten + 24 Stunden Ruhezeit

Für 2 Gläser

- 80 g Erythrit
- 500 g Erdbeeren
- 1 Vanilleschote
- 2 TL Agar-Agar
- 3 EL Zitronensaft
- 3 EL Wasser

Außerdem:

- 2 sterilisierte Schraubgläser (à 250 ml Inhalt)

1. Erythrit im Mixtopf **10 Sekunden/Stufe 10** pulverisieren.

2. Erdbeeren waschen, putzen, entstrunken, in den Mixtopf geben und **10 Sekunden/Stufe 3** zerkleinern.

3. Vanilleschote längs aufschlitzen, das Mark herauskratzen und in den Mixtopf geben. Agar-Agar mit Saft und Wasser verrühren, dazugeben und **12 Minuten/100 °C/Sanftrührstufe** erhitzen.

4. Konfitüre in Gläser abfüllen, Deckel zudrehen, Gläser auf den Kopf stellen und nach 3 Minuten umdrehen. Mindestens 24 Stunden ohne zu bewegen gelieren lassen, sonst könnte der Geliervorgang des Agar-Agars unterbrochen werden.

***Nährwerte/Portion (à 20 g)**:*
8 kcal • < 0,5 g Eiweiß • 1 g Kohlenhydrate • < 0,5 g Fett

Schoko-Nuss-Aufstrich

Zubereitungszeit: 10 Minuten • Gesamtzeit: 30 Minuten

Für 2 Gläser

- 100 g Erythrit
- 3/4 TL Salz
- 400 g Haselnüsse
- 65 g Backkakao
- 130 g natives Kokosöl

Außerdem:
- Backpapier
- 2 sterilisierte Schraubgläser (à 300 ml Inhalt)

1. Backofen auf 180 °C (Umluft 160 °C, Gas Stufe 2–3) vorheizen. Ein Backblech mit Backpapier auslegen.

2. Erythrit und Salz in den Mixtopf geben, **15 Sekunden/Stufe 10** pulverisieren und beiseite geben.

3. Haselnüsse auf das Backblech geben und auf der mittleren Schiene des Backofens 8 Minuten rösten.

4. Geröstete Nüsse in den Mixtopf geben, **20 Sekunden/Stufe 10** zerkleinern und mit dem Spatel nach unten schieben. **5 bis 10 Minuten/Stufe 4** rühren. Während dieser Zeit das Gerät stoppen und die Nüsse mit dem Spatel herunter schieben. Es muss das Öl der Nüsse austreten, damit das Mus schön cremig wird. Mus beiseite geben.

5. Backkakao, Kokosöl und pulverisiertes Erythrit in den Mixtopf geben und **5 Minuten/50 °C/Stufe 2** schmelzen.

6. Nussmus dazugeben und **30 Sekunden/Stufe 3** verrühren. In zwei Schraubgläser abfüllen.

Info: Das Nussmus kann auch mit anderen Nüssen hergestellt werden. Wichtig ist, dass die Füllmenge im Mixtopf von 400 Gramm nicht unterschritten wird. Das Mus ist luftdicht verschlossen und im Kühlschrank gelagert monatelang haltbar.

Nährwerte/Portion (à 20 g):
117 kcal • 2 g Eiweiß • 1 g Kohlenhydrate • 11 g Fett

Heringaufstrich

Zubereitungszeit: 10 Minuten • Gesamtzeit: 10 Minuten

Für 4 Portionen

- 20 g Gewürzgurken, abgetropft
- 3 Zweige Dill
- 80 g Bismarckhering, abgetropft
- 1 TL Dijonsenf
- 250 g Naturjoghurt (1,5 % Fett)
- 1 Prise Salz
- 1 Prise Pfeffer

1. Gewürzgurken in den Mixtopf geben, **3 Sekunden/Stufe 5** zerkleinern und beiseite geben.

2. Dill waschen, trockentupfen und die dicken Stängel entfernen. Dillblättchen, Hering und Senf in den Mixtopf geben, **6 Sekunden/Stufe 6** zerkleinern und mit dem Spatel nach unten schieben.

3. Gehackte Gurken, Joghurt, Salz und Pfeffer in den Mixtopf geben und **8 Sekunden/120° Varoma/Stufe 3** verrühren.

Info: Der Heringaufstrich und der Korianderaufstrich (folgendes Rezept) sind für vier Portionen berechnet. Dies bitte im Rahmen eines Abnehmprozesses beachten.

***Nährwerte/Portion**: 76 kcal • 6 g Eiweiß • 4 g Kohlenhydrate • 5 g Fett*

Korianderaufstrich (Foto)

Zubereitungszeit: 10 Minuten • Gesamtzeit: 10 Minuten

Für 4 Portionen

- 1/2 Bund Koriandergrün
- 1 Knoblauchzehe
- 200 g Schmand (20 % Fett)
- 200 g Weißkäse nach Fetaart
- 1 Prise Salz
- 1/4 TL Cayennepfeffer

1. Koriandergrün waschen, trockentupfen, Blätter abzupfen und in den Mixtopf geben.

2. Den Knoblauch abziehen, in den Mixtopf geben, **3 Sekunden/Stufe 8** zerkleinern und mit dem Spatel nach unten schieben.

3. Schmand, Käse, Salz und Cayennepfeffer in den Mixtopf geben und **40 Sekunden/Stufe 5** verrühren.

***Nährwerte/Portion**: 250 kcal • 10 g Eiweiß • 3 g Kohlenhydrate • 22 g Fett*

Eiweißbrot

Zubereitungszeit: 10 Minuten • Gesamtzeit: 1 Stunde 20 Minuten + 40 Minuten Ruhezeit

Für 1 Brot (12 Scheiben)

- 50 g geschälte Mandeln
- 2 TL Kümmelsamen
- 50 g Leinsamen
- 40 g Chiasamen
- 80 g Kokosmehl
- 120 g Weizenkleie
- 250 g Wasser
- 280 g Magerquark (10 % Fett i. Tr.)
- 1 TL Salz
- 2 Päckchen Weinstein-Backpulver

Außerdem:
- 1 Kastenform (24 x 10 cm)
- Backpapier
- 1 Geschirrtuch

1. Mandeln, Kümmelsamen, Leinsamen und Chiasamen in den Mixtopf geben und **15 Sekunden/Stufe 10** zerkleinern.

2. Kokosmehl, Weizenkleie, Wasser, Magerquark, Salz und Backpulver in den Mixtopf geben und **4 Minuten/Knetstufe** mithilfe des Spatels kneten.

3. Eine Kastenform mit Backpapier auskleiden. Den Teig einfüllen, mit einem Geschirrtuch zudecken und 40 Minuten ruhen lassen.

4. Inzwischen den Backofen auf 200 °C (Umluft 180 °C, Gas Stufe 3-4) vorheizen.

5. Das Eiweißbrot auf der mittleren Schiene des Backofens 1 Stunde und 10 Minuten backen. Stäbchenprobe machen und nach Bedarf die Backzeit verlängern.

Info: Eine Stäbchenprobe macht man mit einem Zahnstocher oder einem langen Holzspieß, den man in die Mitte des Brotes sticht. Nach dem Herausziehen darf kein klebriger Teig anhaften. Nach Bedarf die Backzeit verlängern. Wenn der Teig trocken ist, ist das Brot fertig.

***Nährwerte/Scheibe**: 135 kcal • 8 g Eiweiß • 5 g Kohlenhydrate • 6 g Fett*

Körner-Nuss-Brot

Zubereitungszeit: 10 Minuten • Gesamtzeit: 1 Stunde 20 Minuten

Für 1 Brot (16 Scheiben)

- 50 g Mandeln mit Haut
- 20 g geschälter Sesam
- 100 g Leinsamen
- 30 g Chiasamen
- 50 g Haselnüsse
- 50 g Sonnenblumenkerne
- 6 Eier
- 1 TL Salz
- 50 g natives Kokosöl
- 100 g entöltes Mandelmehl
- 50 g Kürbiskerne

Außerdem:

- 1 Kastenform (24 x 10 cm)
- Backpapier

1. Mandeln, Sesam, Leinsamen und Chiasamen in den Mixtopf geben, **8 Sekunden/Stufe 10** schroten und in eine Schüssel geben.
2. Haselnüsse und Sonnenblumenkerne in den Mixtopf geben, **3 Sekunden/Stufe 5** hacken und auch in die Schüssel geben.
3. Eier, Salz und Kokosöl in den Mixtopf geben und **20 Sekunden/Stufe 4** verrühren.
4. Den Inhalt der Schüssel, das entölte Mandelmehl und die Kürbiskerne in den Mixtopf geben und **3 Minuten/Knetstufe** mischen.
5. Inzwischen den Backofen auf 160 °C (Umluft 140 °C, Gas Stufe 1–2) vorheizen. Eine Kastenform mit Backpapier auslegen.
6. Den Teig in die Kastenform füllen und auf der mittleren Schiene des Backofens 60 bis 65 Minuten backen. Stäbchenprobe machen und nach Bedarf die Backzeit verlängern.

***Nährwerte/Scheibe**: 204 kcal • 10 g Eiweiß • 2 g Kohlenhydrate • 16 g Fett*

Leinsamen-Quark-Brot

Zubereitungszeit: 10 Minuten • Gesamtzeit: 1 Stunde + 15 Minuten Ruhezeit

Für 1 Brot (16 Scheiben)

- 90 g Leinsamen
- 60 g Kürbiskerne
- 1 Päckchen Weinstein-Backpulver
- 1 TL Salz
- 300 g Magerquark (10 % Fett i. Tr.)
- 80 g Erbsenprotein (82 % Proteingehalt)
- 30 g Weizenkleie
- 40 g Dinkelkleie
- 4 Eier

Außerdem:
- Backpapier

1. Leinsamen in den Mixtopf geben und **20 Sekunden/Stufe 10** schroten.

2. Kürbiskerne in den Mixtopf geben und **10 Sekunden/Stufe 9** zerkleinern.

3. Backpulver, Salz, Magerquark, Erbsenprotein, Weizenkleie, Dinkelkleie und Eier in den Mixtopf geben, **5 Minuten/Knetstufe** zu einem Teig verarbeiten. Den Teig im Mixtopf 15 Minuten quellen lassen.

4. Inzwischen den Backofen auf 180 °C (Umluft 160 °C, Gas Stufe 2–3) vorheizen. Ein Backblech mit Backpapier auslegen.

5. Teig zu einem Brotlaib formen, auf das Backblech legen und auf der mittleren Schiene des Backofens 45 bis 50 Minuten backen.

Nährwerte/Scheibe: *118 kcal • 12 g Eiweiß • 2 g Kohlenhydrate • 6 g Fett*

Kümmelbrötchen

Zubereitungszeit: 15 Minuten • Gesamtzeit: 45 Minuten + 1 Stunde Ruhezeit

Für 8 Brötchen

- 40 g Walnusskerne
- 20 g Leinsamen
- 15 g Erbsenprotein
- 250 g Sahnequark (40 % Fett i. Tr.)
- 2 Eier
- 1/2 Päckchen Backpulver
- 1/2 TL Salz
- 1/2 TL gemahlener Cumin (Kreuzkümmel)
- 2 EL Kümmelsamen

Außerdem:

- 1 Geschirrtuch
- 1 Muffinblech
- 10 g Butter

1. Walnusskerne und Leinsamen in den Mixtopf geben und **8 Sekunden/Stufe 8** zerkleinern.

2. Erbsenprotein, Sahnequark, Eier, Backpulver, Salz und Cumin in den Mixtopf geben und **15 Sekunden/Stufe 4** vermischen. Mit dem Spatel nach unten schieben und nochmals **5 Sekunden/Stufe 4** mischen. Den Teig mit einem Geschirrtuch zudecken und 1 Stunde quellen lassen.

3. Inzwischen den Backofen auf 210 °C (Umluft 190 °C, Gas Stufe 4) vorheizen. Das Muffinblech mit Butter einfetten.

4. Acht Förmchen des Muffinbleches mithilfe von zwei Teelöffeln mit dem Teig befüllen und diesen mit Kümmelsamen bestreuen.

5. Die Brötchen auf der mittleren Schiene des Backofens 25 bis 30 Minuten backen. Sofort nach dem Backen die Brötchen aus der Form lösen.

***Nährwerte/Brötchen**: 153 kcal • 9 g Eiweiß • 4 g Kohlenhydrate • 10 g Fett*

Mandelbrötchen

Zubereitungszeit: 15 Minuten • Gesamtzeit: 1 Stunde 15 Minuten + 10 Minuten Ruhezeit

Für 4 Brötchen

- 50 g geschälte Mandeln
- 50 g geschrotete Goldleinsamen
- 20 g Weizenkleie
- 10 g Kokosmehl
- 2 TL gemahlene Flohsamenschalen
- 1/4 TL Salz
- 1/2 Päckchen Weinstein-Backpulver
- 150 g Magerquark (10 % Fett i. Tr.)
- 3 Eier

Außerdem:
- Backpapier

1. Mandeln in den Mixtopf geben, **10 Sekunden/Stufe 8** mahlen und beiseite geben.

2. Goldleinsamen, Weizenkleie, Kokosmehl, Flohsamenschalen, Salz und Backpulver in den Mixtopf geben und **5 Sekunden/Stufe 4** vermischen.

3. Quark und Eier in den Mixtopf geben, **3 Minuten/Knetstufe** zu einem Teig kneten und anschließend 10 Minuten im Mixtopf quellen lassen.

4. Inzwischen den Backofen auf 170 °C (Umluft 150 °C, Gas Stufe 2) vorheizen. Ein Backblech mit Backpapier auslegen.

5. Mithilfe von zwei Esslöffeln 4 runde Brötchen auf das Backblech setzen und 55 bis 60 Minuten auf der mittleren Schiene des Backofens backen.

***Nährwerte/Brötchen**: 250 kcal • 17 g Eiweiß • 4 g Kohlenhydrate • 17 g Fett*

Brotsticks

Zubereitungszeit: 20 Minuten • Gesamtzeit: 40 Minuten

Für 10 Stück

- 50 g geschälte Mandeln
- 50 g entöltes Walnussmehl
- 15 g Kokosmehl
- 1 Prise Salz
- 1 TL gerebelter Thymian
- 1 TL gerebelter Rosmarin
- 1 unbehandelte Zitrone
- 2 Eier
- 1 TL Olivenöl

Außerdem:
- Backpapier
- 1 feine Reibe

1. Mandeln in den Mixtopf geben und **10 Sekunden/Stufe 8** mahlen.
2. Walnussmehl, Kokosmehl, Salz, Thymian und Rosmarin in den Mixtopf geben und **7 Sekunden/Stufe 4** verrühren.
3. Zitrone heiß abwaschen, mit einer Reibe 1 Teelöffel Schale abreiben und dann 1 Teelöffel Zitronensaft auspressen. Zitronenabrieb und Zitronensaft in den Mixtopf geben.
4. Eier und Öl in den Mixtopf geben und **20 Sekunden/Stufe 3** verrühren.
5. Backofen auf 180 °C (Umluft 160 °C, Gas Stufe 2–3) vorheizen. Ein Backblech mit Backpapier auslegen.
6. Teig in 10 gleich große Stücke teilen, in fingerdicke Sticks rollen, auf das Backblech legen und auf der mittleren Schiene des Backofens 18 bis 20 Minuten backen.

***Nährwerte/Stück**: 80 kcal • 4 g Eiweiß • 1 g Kohlenhydrate • 6 g Fett*

REZEPTE

SNACKS, SUPPEN & SALATE

AUS DEM THERMOMIX®

Hummus auf Gurkenscheiben (Foto Seite 76)

Zubereitungszeit: 10 Minuten • Gesamtzeit: 10 Minuten

Für 2 Portionen

- 1/4 Knoblauchzehe
- 1/2 Zitrone
- 60 g Kichererbsen (Abtropfgewicht, Dose)
- 45 g Tahin
- 50 g Olivenöl
- 1 TL Cumin
- 2 Prisen Salz
- 1 Prise Pfeffer
- 200 g Salatgurke

Zum Garnieren:
- glatte Petersilie
- Paprikapulver

1. Die Petersilie zum Garnieren waschen, trockentupfen, die Blätter abzupfen, in den Mixtopf geben, **3 Sekunden/Stufe 8** zerkleinern und beiseite geben.

2. Knoblauch abziehen. Zitronensaft auspressen. Knoblauch, Zitronensaft, Kichererbsen, Tahin, Olivenöl, Cumin, Salz und Pfeffer in den Mixtopf geben und **35 Sekunden/Stufe 6** pürieren.

3. Gurke waschen, putzen und in ca. 0,5 Zentimeter dicke Scheiben schneiden. Mit Hummus bestreichen und mit Petersilie und Paprikapulver garnieren.

Info: Tahin ist eine Paste, die aus Sesamsamen hergestellt wird.

Nährwerte/Portion: 450 kcal • 34 g Eiweiß • 12 g Kohlenhydrate • 14 g Fett

Bohnenmus mit Paprika

Zubereitungszeit: 10 Minuten • Gesamtzeit: 20 Minuten

Für 2 Portionen

- 1 Knoblauchzehe
- 1 rote Zwiebel
- 10 g Olivenöl
- 500 g Kidneybohnen (Dose)
- 120 g Gemüsebrühe
- 4 grüne Paprikaschoten
- 1 Prise geräuchertes Paprikapulver (Pimentón de la Vera)
- 1/2 TL Salz
- 1/4 TL Pfeffer
- 2 TL Limettensaft

1. Knoblauch und Zwiebel abziehen, in den Mixtopf geben, **3 Sekunden/Stufe 5** hacken und mit dem Spatel nach unten schieben. Öl dazugeben und **3 Minuten/120° Varoma/↺/Stufe 1** andünsten.

2. Bohnen in den Mixtopf geben und mithilfe des Spatels **8 Sekunden/Stufe 5** zerkleinern. Gemüsebrühe in den Mixtopf geben und **10 Minuten/100 °C/↺/Stufe 1** kochen.

3. Inzwischen Paprikaschoten waschen, vierteln, putzen und das Fruchtfleisch zur Seite geben.

4. Paprikapulver, Salz, Pfeffer und Limettensaft in den Mixtopf geben und **20 Sekunden/Stufe 6** pürieren. Die Paprikaviertel mit dem Bohnenmus servieren.

***Nährwerte/Portion**: 466 kcal • 32 g Eiweiß • 50 g Kohlenhydrate • 4 g Fett*

Radieschen-Kresse-Quark mit Gemüsesticks

Zubereitungszeit: 15 Minuten • Gesamtzeit: 15 Minuten

Für 2 Portionen

- 2 Schalotten
- 1 Bund Radieschen
- 250 g Quark (20 % Fett i. Tr.)
- 1 TL Salz
- 1/2 TL weißer Pfeffer
- 1/2 Kästchen Kresse
- 20 g Olivenöl
- 300 g Karotten
- 300 g Paprikaschoten (rot, gelb, grün)
- 1 Salatgurke (ca. 200 g)

1. Schalotten abziehen, in den Mixtopf geben und **3 Sekunden/Stufe 8** hacken.
2. Radieschen waschen, putzen, in den Mixtopf geben und **3 Sekunden/Stufe 5** hacken.
3. Quark, Salz und Pfeffer dazugeben und **12 Sekunden/↺/Stufe 3** vermischen. Den Quark in ein Glas geben.
4. Kresse abschneiden, auf dem Quark verteilen und diesen mit Olivenöl beträufeln.
5. Das Gemüse waschen, putzen, in Sticks schneiden und zum Quark servieren.

***Nährwerte/Portion**: 365 kcal • 21 g Eiweiß • 23 g Kohlenhydrate • 17 g Fett*

Hähnchen-Gemüse-Wraps

Zubereitungszeit: 25 Minuten • Gesamtzeit: 50 Minuten

Für 2 Stück

Für die Tortillas:
- 20 g Kokosmehl
- 2 Eier
- 70 g Milch (3,5 % Fett)
- 1 Prise Salz

Für die Füllung:
- 50 g Brokkoliröschen
- 50 g Karotten
- 200 g Hähnchenbrustfilet
- 1 TL Salz
- 1 TL schwarzer Pfeffer
- 1 TL edelsüßes Paprikapulver
- 60 g Hummus (siehe Seite 78)

Außerdem:
- Rapsöl für die Pfanne
- 300 g Wasser zum Dämpfen

1. Für die Tortillas alle Zutaten in den Mixtopf geben und **40 Sekunden/Stufe 3** zu einem Teig verrühren.

2. Öl in eine beschichtete Pfanne geben und auf mittlere Temperatur erhitzen. Die Hälfte des Teiges hineingeben und durch Schwenken der Pfanne großflächig verlaufen lassen. Nach 2 Minuten die Tortilla wenden und auch auf der zweiten Seite 2 Minuten goldgelb backen. Herausnehmen und warm halten. Mit dem restlichen Teig ebenso verfahren. Mixtopf spülen.

3. Für die Füllung das Gemüse waschen und putzen. Brokkoliröschen in den Mixtopf geben. Karotten schälen, in Stücke schneiden und in den Mixtopf geben. **3 Sekunden/Stufe 5** zerkleinern und beiseite geben.

4. Hähnchenbrustfilet mit Salz, Pfeffer und Paprikapulver würzen und in den Varoma-Einlegeboden legen.

5. Wasser in den Mixtopf geben, Varoma aufsetzen und **20 Minuten/Varoma/Stufe 1** dämpfen. Fleisch abkühlen lassen und in etwa 1 Zentimeter breite Streifen schneiden.

6. Tortillas mit Hummus bestreichen, mit Hähnchen, Brokkoli und Karottenstücken belegen und eng zu Wraps aufrollen.

Nährwerte/Portion: *408 kcal • 46 g Eiweiß • 8 g Kohlenhydrate • 15 g Fett*

Müsliriegel

Zubereitungszeit: 20 Minuten • Gesamtzeit: 45 Minuten + 30 Minuten Kühlzeit

Für 10 Stück

- 100 g geschälte Pekannüsse
- 100 g Haselnüsse
- 50 g Erdnusskerne
- 10 g getrocknete Himbeeren
- 50 g natives Kokosöl
- 20 g Gojibeeren
- 10 g Chiasamen
- 10 g Kokosblütenzucker

Außerdem:
- Backpapier
- 5 Bögen halbiertes Butterbrotpapier

1. Backofen auf 170 °C (Umluft 150 °C, Gas Stufe 2) vorheizen. Ein Backblech mit Backpapier auslegen.

2. Pekannüsse, Haselnüsse und Erdnusskerne in den Mixtopf geben, **15 Sekunden/Stufe 6** zerkleinern und beiseite geben.

3. Himbeeren in den Mixtopf geben, **2 Sekunden/Stufe 6** zerkleinern und beiseite geben.

4. Kokosöl in den Mixtopf geben und **2 Minuten/50 °C/Stufe 1** schmelzen.

5. Nussmischung, Himbeermus, Gojibeeren, Chiasamen und Kokosblütenzucker in den Mixtopf geben und **50 Sekunden/↺/ Stufe 4** vermischen.

6. Die Masse auf das Backpapier geben und mit dem Spatel zu einem Rechteck von ca. 30 Zentimeter x 8 Zentimeter Kantenlänge schieben und festdrücken.

7. Auf der mittleren Schiene des Backofens 20 Minuten backen. Herausholen, vollständig auskühlen lassen, in den Kühlschrank geben und vollständig festwerden lassen.

8. Aus der festgewordenen Masse 3 Zentimeter x 8 Zentimeter große Riegel schneiden, diese in Butterbrotpapier einschlagen und im Kühlschrank aufbewahren.

***Nährwerte/Riegel**: 226 kcal • 4 g Eiweiß • 3 g Kohlenhydrate • 21 g Fett*

Karotten-Ingwer-Suppe mit Frischkäsenocken

Zubereitungszeit: 20 Minuten • Gesamtzeit: 30 Minuten

Für 2 Portionen

Für die Nocken:
- 20 g Parmesan
- 1/4 Bund Petersilie
- 100 g Ricotta
- 1 TL Schale von unbehandelter Zitrone
- 1/2 TL Salz
- 1/4 TL schwarzer Pfeffer

Für die Suppe:
- 1 Schalotte
- 20 g Ingwer
- 500 g Karotten
- 2 EL Rapsöl
- 500 g Gemüsebrühe
- 100 g Sahne (30 % Fett)

1. Für die Nocken Parmesan in den Mixtopf geben, **8 Sekunden/Stufe 10** reiben und beiseite geben.

2. Petersilie waschen, trockentupfen, grobe Stielenden entfernen, Blätter in den Mixtopf geben, **3 Sekunden/Stufe 8** hacken und mit dem Spatel nach unten schieben.

3. Parmesan, Ricotta, Zitronenschale, Salz und Pfeffer dazugeben und **8 Sekunden/Stufe 8** mixen. Nockenmasse in eine Schüssel füllen und in den Kühlschrank stellen, bis die Suppe fertig ist. Mixtopf spülen.

4. Für die Suppe Schalotte abziehen und halbieren. Ingwer schälen. Karotten waschen, putzen, schälen und in Stücke schneiden. Alle drei Zutaten in den Mixtopf geben und mithilfe des Spatels **3 Sekunden/Stufe 6** zerkleinern.

5. Rapsöl in den Mixtopf geben und **3 Minuten/120° Varoma/Stufe 1** andünsten.

6. Brühe und Sahne in den Mixtopf geben, **8 Minuten/90 °C/Stufe 1** köcheln. Anschließend **7 Sekunden/Stufe 10** pürieren.

7. Suppe in Teller verteilen. Mit 2 Teelöffeln aus der gekühlten Masse Nocken abstechen und in die Suppe geben.

***Nährwerte/Portion**: 515 kcal • 14 g Eiweiß • 18 g Kohlenhydrate • 42 g Fett*

Pekingsuppe

Zubereitungszeit: 20 Minuten • Gesamtzeit: 35 Minuten

Für 2 Portionen

- 1 Schalotte
- 50 g Karotten
- 1 EL Rapsöl
- 180 g Hähnchenbrustfilet
- 50 g Shiitake-Pilze
- 1/2 TL Salz
- 1 Prise Pfeffer
- 15 g Erythrit
- 500 g Gemüsebrühe
- 70 g Bambusstreifen (Glas)
- 70 g Sojasprossen (Glas)
- 20 g weißer Aceto balsamico
- 10 g Sojasauce
- 30 g Tomatenmark
- 1 TL Sambal Oelek
- 1 Ei

1. Schalotte abziehen, in den Mixtopf geben und **3 Sekunden/Stufe 5** zerkleinern.
2. Karotten waschen, putzen, schälen, in Stücke schneiden, in den Mixtopf geben, **2 Sekunden/Stufe 5** zerkleinern und mit dem Spatel nach unten schieben.
3. Öl dazugeben und **3 Minuten/Varoma 120°/Linkslauf/Stufe 1** andünsten.
4. Inzwischen Hähnchenbrustfilet in ca. 1 Zentimeter dicke Streifen schneiden. Pilze waschen, putzen und in Scheiben schneiden.
5. Hähnchenbruststreifen, Pilze, Salz, Pfeffer, Erythrit, Gemüsebrühe, Bambusstreifen, Sojasprossen, Essig, Sojasauce, Tomatenmark und Sambal Oelek in den Mixtopf geben und **13 Minuten/100 °C/Linkslauf/Stufe 1** kochen.
6. **Linkslauf/Stufe 1** einstellen, Ei in einem Schälchen verquirlen, auf den Mixtopfdeckel geben und bei eingesetztem Messbecher eintropfen lassen.

***Nährwerte/Portion**: 300 kcal • 31 g Eiweiß • 11 g Kohlenhydrate • 15 g Fett*

Erdnuss-Gemüse-Eintopf

Zubereitungszeit: 10 Minuten • Gesamtzeit: 30 Minuten

Für 2 Portionen

- 1 Knoblauchzehe
- 1 kleine Zwiebel
- 1 kleine reife Banane
- 20 g Erdnussöl
- 2 rote Paprikaschoten
- 100 g Brokkoliröschen
- 100 g Zucchini
- 250 g Gemüsebrühe
- 30 g Erdnussmus
- 100 g Kokosmilch
- 3 TL Currypulver
- 1/2 TL Cayennepfeffer
- 1/2 TL gemahlener Koriander

1. Knoblauch abziehen, in den Mixtopf geben und **3 Sekunden/Stufe 8** zerkleinern.

2. Zwiebel abziehen, in den Mixtopf geben, **3 Sekunden/Stufe 5** zerkleinern und mit dem Spatel nach unten schieben.

3. Banane schälen und in grobe Stücke teilen. Bananenstücke und Erdnussöl in den Mixtopf geben und **3 Minuten/Varoma 120°/Stufe 1** dünsten.

4. Inzwischen das Gemüse waschen und putzen. Brokkoliröschen so belassen, Paprikaschoten und Zucchini in Stücke schneiden. Brokkoliröschen, Paprika- und Zucchinistücke in den Mixtopf geben und **3 Sekunden/Stufe 5** zerkleinern.

5. Gemüsebrühe, Erdnussmus, Kokosmilch, Currypulver, Cayennepfeffer und Koriander dazugeben. **20 Minuten/90 °C/↺/Stufe 1** garen.

***Nährwerte/Portion**: 381 kcal • 11 g Eiweiß • 31 g Kohlenhydrate • 20 g Fett*

Wurstsalat

Zubereitungszeit: 15 Minuten • Gesamtzeit: 15 Minuten

Für 2 Portionen

- 2 Frühlingszwiebeln
- 4 Essiggurken
- 30 g Weinessig
- 20 g Rapsöl
- 20 g Sahne (30 % Fett)
- 2 TL Dijonsenf
- 1/2 TL Salz
- 2 Mini-Romanasalat
- 100 g Fleischwurst
- 100 g junger Gouda (40 % Fett i. Tr.)
- schwarzer Pfeffer

1. Für die Marinade Frühlingszwiebeln waschen, putzen, in grobe Stücke schneiden und in den Mixtopf geben. Essiggurken dazugeben und **3 Sekunden/Stufe 5** zerkleinern.

2. Weinessig, Rapsöl, Sahne, Dijonsenf und Salz in den Mixtopf geben und **10 Sekunden/↺/Stufe 3** vermischen.

3. Romanasalat waschen, putzen und auf Tellern anrichten. Fleischwurst in Scheiben schneiden und diese halbieren. Gouda in ca. 0,5 Zentimeter dicke Streifen schneiden. Wurst und Käse auf dem Romanasalat verteilen, mit der Marinade übergießen und mit Pfeffer bestreuen.

***Nährwerte/Portion**: 453 kcal • 21 g Eiweiß • 4 g Kohlenhydrate • 39 g Fett*

Blumenkohlcurry

Zubereitungszeit: 10 Minuten • Gesamtzeit: 25 Minuten

Für 2 Portionen

- 1 Knoblauchzehe
- 1 Zwiebel
- 300 g Blumenkohlröschen
- 20 g Butter
- 300 g Tomaten
- 200 g Gemüsebrühe
- 1 TL Salz
- 1 EL Currypulver
- 1/2 TL gemahlener Cumin (Kreuzkümmel)
- 1/4 Bund Koriandergrün

1. Knoblauch abziehen, in den Mixtopf geben und **3 Sekunden/Stufe 8** zerkleinern.

2. Zwiebel abziehen, halbieren, in den Mixtopf geben und **3 Sekunden/Stufe 5** zerkleinern.

3. Blumenkohl waschen und etwas klein schneiden. Blumenkohl und Butter in den Mixtopf geben und **3 Minuten/Varoma/Stufe 1** andünsten.

4. Tomaten waschen, Strunk entfernen und vierteln. Tomatenviertel, Gemüsebrühe, Salz, Currypulver und Cumin in den Mixtopf geben und **15 Minuten/90 °C/↺/Stufe 1** erhitzen.

5. Koriandergrün waschen, trockentupfen, die Blätter abzupfen und über dem Curry verteilen.

***Nährwerte/Portion**: 184 kcal • 8 g Eiweiß • 11 g Kohlenhydrate • 10 g Fett*

Spargelsalat mit Erdbeeren und Schweinefilet

Zubereitungszeit: 35 Minuten • Gesamtzeit: 45 Minuten

Für 2 Portionen

Für den Salat:
- 500 g grüner Spargel
- 500 g weißer Baby- oder Mini-Spargel
- 1 Prise Salz
- 50 g Rucola
- 100 g Erdbeeren
- 2 Schweinefilet-medaillons (à 150 g)
- 10 g Butterschmalz

Für das Dressing:
- 30 g weißer Aceto balsamico
- 30 g Olivenöl
- 1/4 TL Salz
- 1 Prise Pfeffer

Außerdem:
- 600 g Wasser zum Dämpfen
- Küchenkrepp

1. Beide Spargelsorten putzen und die holzigen Enden abschneiden. Alle Stangen in 4 bis 5 Zentimeter lange Stücke schneiden und in den Varoma-Behälter geben.

2. Wasser und Salz in den Mixtopf geben. Varoma aufsetzen und den Spargel **25 Minuten/Varoma/Stufe 1** dämpfen. In eine Salatschüssel umfüllen. Wasser ausschütten.

3. Inzwischen Rucola waschen und putzen. Erdbeeren waschen, putzen und vierteln.

4. Filetmedaillons unter fließendem kaltem Wasser kurz waschen und mit Küchenkrepp trockentupfen. Butterschmalz in einer beschichteten Pfanne erhitzen und das Fleisch darin von beiden Seiten anbraten – je nach Dicke des Fleisches dauert dies 3 bis 5 Minuten. Warm halten.

5. Für das Dressing alle Zutaten in den Mixtopf geben und **20 Sekunden/Stufe 3** vermischen.

6. Rucola und Spargel mit dem Dressing vermischen. Erdbeeren und Schweinefiletmedaillons darauf anrichten.

Info: Baby- oder Mini-Spargel muss nicht geschält werden.

Nährwerte/Portion*: 477 kcal • 44 g Eiweiß • 17 g Kohlenhydrate • 23 g Fett*

Spargelsalat mit Kräuterpesto

Zubereitungszeit: 30 Minuten • Gesamtzeit: 40 Minuten

Für 2 Portionen

- 1 unbehandelte Zitrone
- 500 g weißer Spargel
- rosa Pfeffer

Für das Pesto:

- 20 g Pecorino
- 1/2 Bund Minze
- 1/4 Bund Kerbel
- 1/4 Bund Petersilie
- 40 g Cashewkerne
- 25 g Olivenöl
- 1/4 TL Salz

Außerdem:

- 300 g Wasser zum Dämpfen
- 1 Zestenreißer

1. Zitrone heiß abwaschen, mit einem Zestenreißer feine Streifen von der Schale abziehen und dann etwas Saft auspressen. Schale und Saft beiseite geben.

2. Für das Pesto Pecorino in den Mixtopf geben und **10 Sekunden/ Stufe 10** reiben.

3. Minze, Kerbel und Petersilie waschen, trockentupfen und die unteren Stielenden abschneiden. Kräuter, Cashewkerne, Olivenöl und Salz in den Mixtopf geben, **3 Sekunden/Stufe 8** mixen. Pesto beiseite geben.

4. Mixtopf ausspülen, Wasser in den Mixtopf geben und **5 Minuten/100 °C/Stufe 1** aufkochen.

5. Inzwischen Spargel waschen, schälen und mit einem Sparschäler dünne Streifen abschälen.

6. Spargelstreifen im Varoma-Behälter verteilen, Varoma aufsetzen und **8 Minuten/Varoma/Stufe 1** dämpfen.

7. Spargelstreifen nach Geschmack mit Zitronensaft beträufeln, mit Pesto vermischen und mit rosa Pfeffer aus der Mühle und Zitronenschale bestreuen.

***Nährwerte/Portion**: 335 kcal • 12 g Eiweiß • 13 g Kohlenhydrate • 24 g Fett*

Avocadosalat mit Lachs

Zubereitungszeit: 25 Minuten • Gesamtzeit: 35 Minuten

Für 2 Portionen

Für das Dressing:
- 30 g Walnussöl
- 30 g weißer Aceto balsamico
- 1 Prise Salz
- 1 Prise Pfeffer
- 1 Prise Erythrit

Für den Lachs:
- 2 Knoblauchzehen
- 2 Lachsfilets (à 150 g)
- 2 Prisen Salz
- 1 Prise Pfeffer
- 1 TL Zitronensaft
- 2 Zweige Thymian

Für den Salat:
- 1/2 Avocado (ca. 100 g Fruchtfleisch)
- 6 Cocktailtomaten
- 1 Kopf Lollo bianco

Außerdem:
- 1 Backpapier oder Dämpfpapier für den Varoma
- 400 g Wasser zum Dämpfen

1. Für das Dressing Öl, Essig, Salz, Pfeffer und Erythrit in den Mixtopf geben und **20 Sekunden/Stufe 3** verrühren. Beiseite stellen. Mixtopf ausspülen.

2. Für den Lachs Knoblauch abziehen, in den Mixtopf geben und **3 Sekunden/Stufe 5** zerkleinern.

3. Varoma-Einlegeboden mit Dämpfpapier auslegen. Lachsfilets unter fließendem kaltem Wasser waschen, gut abtropfen lassen und auf das Dämpfpapier legen. Das Lachsfilet mit Salz, Pfeffer und Zitronensaft würzen, Knoblauch und Thymian darübergeben.

4. Wasser in den Mixtopf geben, Varoma aufsetzen und den Lachs **20 Minuten/Varoma/Stufe 1** dämpfen.

5. Inzwischen für den Avocadosalat das Fruchtfleisch der Avocado schälen, vom Kern lösen und in mundgerechte Stücke schneiden. Cocktailtomaten waschen und halbieren. Salat waschen, trockenschwenken und grob zerpflücken.

6. Salatblätter auf Tellern anrichten, Avocado und Tomaten darauf verteilen und das Dressing darüber geben. Den Avocadosalat mit noch warmem Lachsfilet garnieren und sofort servieren.

***Nährwerte/Portion**: 597 kcal • 33 g Eiweiß • 8 g Kohlenhydrate • 48 g Fett*

Rohkostsalat mit Apfel und Matjes

Zubereitungszeit: 15 Minuten • Gesamtzeit: 15 Minuten

Für 2 Portionen

- 1 roter Apfel
- 1 rote Paprikaschote
- 1/2 Salatgurke
- 2 Frühlingszwiebeln
- 1/4 Bund Dill
- 150 g Naturjoghurt (3,5 % Fett)
- 30 g Himbeeressig
- 20 g Sonnenblumenöl
- 1/2 TL Salz
- schwarzer Pfeffer
- 200 g Matjesfilets

1. Apfel waschen, vierteln und das Kerngehäuse entfernen. Paprikaschote waschen, vierteln und putzen. Gurke und Frühlingszwiebeln waschen und in Stücke schneiden. Dill waschen, trockentupfen und die dicken Stängel entfernen.

2. Apfel, Paprika, Gurke, Frühlingszwiebeln, Dillblättchen, Joghurt, Essig, Öl, Salz und Pfeffer in den Mixtopf geben und mithilfe des Spatels **5 Sekunden/Stufe 4,5** zerkleinern.

3. Matjesfilets in ca. 0,5 Zentimeter dicke Streifen schneiden, in den Mixtopf geben und **5 Sekunden/↺/Stufe 3** vermischen.

***Nährwerte/Portion**: 452 kcal • 19 g Eiweiß • 16 g Kohlenhydrate • 33 g Fett*

Melonensalat

Zubereitungszeit: 15 Minuten • Gesamtzeit: 15 Minuten

Für 2 Portionen

- 150 g Naturjoghurt (1,5 % Fett)
- 20 g weißer Aceto balsamico
- 20 g Distelöl
- 1 Cantaloupe-Melone (ca. 900 g)
- 120 g geräucherter Schinken
- 1/4 Kästchen Kresse
- 80 g Ziegenfrischkäse

1. Joghurt, Essig und Öl in den Mixtopf geben und **20 Sekunden/Stufe 3** vermischen.

2. Melone waschen, aufschneiden, das Fruchtfleisch aus der Schale lösen, in ca. 1 Zentimeter große Würfel schneiden und in eine Salatschale geben.

3. Schinken in ca. 0,5 Zentimeter breite Streifen schneiden und unter die Melonenwürfel mischen. Kresse abschneiden.

4. Joghurtsauce über den Salat geben. Ziegenfrischkäse und Kresse über den Salat geben.

***Nährwerte/Portion**: 468 kcal • 28 g Eiweiß • 27 g Kohlenhydrate • 27 g Fett*

REZEPTE

HAUPT-MAHLZEITEN

AUS DEM THERMOMIX®

Tomaten mit Knoblauchkrabben

Zubereitungszeit: 10 Minuten • Gesamtzeit: 25 Minuten

Für 2 Portionen

- 50 g Pecorino
- 300 g Cocktailtomaten
- 3 Knoblauchzehen
- 20 g Butter
- 1/2 TL Salz
- 1/4 TL weißer Pfeffer
- 200 g Krabben (z. B. Nordseekrabben)
- 1/2 Bund Petersilie

Außerdem:
- 400 g Wasser zum Dämpfen

1. Pecorino **10 Sekunden/Stufe 10** reiben und beiseite geben.
2. Tomaten waschen und in den Varoma-Behälter geben. Wasser in den Mixtopf geben, Varoma aufsetzen und **15 Minuten/Varoma/Stufe 1** dämpfen. Varoma beiseite geben, Mixtopf ausleeren und trocknen.
3. Knoblauch abziehen, in den Mixtopf geben und **3 Sekunden/Stufe 6** hacken. Butter, Salz, Pfeffer und Krabben dazugeben und **3 Minuten/120° Varoma/Linkslauf/Stufe 1** andünsten.
4. Petersilie waschen und Blätter abzupfen. Tomaten und Krabben auf Tellern anrichten und mit Petersilie und Pecorino bestreuen.

***Nährwerte/Portion**: 317 kcal • 27 g Eiweiß • 9 g Kohlenhydrate • 19 g Fett*

Salsicciasauce mit Shirataki-Nudeln (Foto)

Zubereitungszeit: 10 Minuten • Gesamtzeit: 30 Minuten

Für 2 Portionen

- 200 g Shirataki-Nudeln

Für die Sauce:
- 1 kleine rote Zwiebel
- 1 Knoblauchzehe
- 1 EL Rapsöl
- 500 g gehackte Tomaten (Dose)
- 1/2 TL Fenchelsamen, gemörsert
- 1/2 TL Salz
- 1/4 TL Pfeffer
- 200 g Salsiccia oder Salsiccia di finocchio (Fenchelsalsiccia)

1. Shirataki-Nudeln nach Anweisung zubereiten und warm halten.
2. Zwiebel und Knoblauch abziehen, in den Mixtopf geben und **3 Sekunden/Stufe 5** zerkleinern. Mit dem Spatel nach unten schieben.
3. Öl in den Mixtopf geben und **3 Minuten/120° Varoma/Linkslauf/Stufe 1** andünsten.
4. Tomaten, Fenchelsamen, Salz und Pfeffer in den Mixtopf geben und **15 Minuten/100 °C/Stufe 1** kochen.
5. Salsiccia aus der Haut lösen, klein schneiden, in den Mixtopf geben und **10 Minuten/90 °C/Stufe 1** ziehen lassen. Die Sauce mit den Nudeln auf Tellern anrichten.

***Nährwerte/Portion**: 399 kcal • 18 g Eiweiß • 10 g Kohlenhydrate • 30 g Fett*

Curry mit Kokosmilch und Halloumi

Zubereitungszeit: 20 Minuten • Gesamtzeit: 30 Minuten

Für 2 Portionen

- 50 g Frühlingszwiebeln (weiße Anteile)
- 1 rote Paprikaschote
- 150 g Karotten
- 2 Knoblauchzehen
- 1 Schalotte
- 10 g Olivenöl
- 250 g Kokosmilch
- 1 TL Currypaste (siehe Seite 180)
- 1/2 TL Salz
- ¼ TL schwarzer Pfeffer
- 250 g Halloumi
- 100 g frische Sprossen nach Wahl

1. Frühlingszwiebeln waschen, putzen, in Stücke schneiden, in den Mixtopf geben und **3 Sekunden/Stufe 5** zerkleinern.

2. Paprikaschote waschen, vierteln, putzen und in Stücke schneiden. Karotten waschen und in Stücke schneiden. Paprika und Karotten in den Mixtopf geben, **3 Sekunden/Stufe 5** zerkleinern und beiseite geben.

3. Knoblauch abziehen, in den Mixtopf geben und **3 Sekunden/Stufe 8** zerkleinern. Schalotte abziehen, in den Mixtopf geben, **3 Sekunden/Stufe 5** zerkleinern und mit dem Spatel nach unten schieben.

4. Olivenöl in den Mixtopf geben und **2 Minuten/120° Varoma/ /Stufe 1** andünsten.

5. Gemüsemischung in den Mixtopf geben und weitere **3 Minuten/120° Varoma/ /Stufe 1** dünsten.

6. Kokosmilch, Currypaste, Salz und Pfeffer in den Mixtopf geben und **15 Minuten/90 °C/ /Stufe 1** erhitzen.

7. Inzwischen Halloumi in Scheiben schneiden und in einer beschichteten Pfanne ohne Fett braten.

8. Curry mit Sprossen und Halloumi anrichten.

***Nährwerte/Portion**: 581 kcal • 33 g Eiweiß • 23 g Kohlenhydrate • 37 g Fett*

Burger

Zubereitungszeit: 25 Minuten • Gesamtzeit: 45 Minuten

Für 2 Portionen

Für die Burger:
- 100 g Karotten
- 1 kleine rote Zwiebel
- 50 g Walnusskerne
- 200 g mageres Hackfleisch (Rind)
- 1 Ei
- 1/2 TL Salz
- 1/4 TL Pfeffer
- 4 Riesenchampignons (oder Portobello-Pilze)
- 10 g Rapsöl
- 2 Scheiben Tomaten
- 2 Blätter Friséesalat

Für den Dip:
- 40 g Naturjoghurt (1,5 % Fett)
- 10 g Kapern
- 1 Prise Salz

Außerdem:
- 400 g Wasser zum Dämpfen

1. Für die Burger Karotten waschen, putzen, schälen und in Stücke schneiden. Zwiebel abziehen und halbieren. Karottenstücke, Zwiebelhälften und Walnusskerne in den Mixtopf geben und **3 Sekunden/Stufe 5** zerkleinern.

2. Hackfleisch, Ei, Salz und Pfeffer dazugeben und **20 Sekunden/Stufe 4** vermischen und beiseite geben.

3. Mixtopf ausspülen. Champignons putzen und die dicken Stiele entfernen. Wasser in den Mixtopf geben, Champignonköpfe in den Varoma geben. Varoma aufsetzen und **15 Minuten/Varoma/Stufe 1** dämpfen.

4. Inzwischen Öl in einer Pfanne erhitzen. Aus dem Fleischteig zwei Frikadellen formen, diese von beiden Seiten scharf anbraten und anschließend bei mittlerer Hitze fertig garen.

5. Für den Dip Joghurt, Kapern und Salz in einem Schälchen verrühren.

6. Die Champignonköpfe trockentupfen. Auf jeweils eine Frikadelle die Hälfte des Dips geben, eine Tomatenscheibe und ein Salatblatt darauflegen und zwei Champignonköpfe statt Burgerbrötchen als Boden und Deckel verwenden.

***Nährwerte/Portion**: 469 kcal • 31 g Eiweiß • 9 g Kohlenhydrate • 33 g Fett*

Blumenkohlpizza

Zubereitungszeit: 25 Minuten • Gesamtzeit: 45 Minuten

Für 1 Pizza (2 Portionen)

- 400 g Blumenkohl
- 200 g Tomaten
- 60 g Champignons
- 3 Frühlingszwiebeln
- 200 g Gouda (40 % Fett i. Tr.)
- 2 Eier
- 3 TL getrocknete italienische Kräutermischung
- 1 TL Salz
- 1 Prise schwarzer Pfeffer
- 10 g Olivenöl
- 30 g Geflügelsalami

Außerdem:
- 300 g Wasser zum Dämpfen
- Backpapier

1. Blumenkohl waschen, putzen, in Stücke schneiden, in den Mixtopf geben und mithilfe des Spatels **7 Sekunden/Stufe 6** zerkleinern. Gleichmäßig im Varoma und Varoma-Einlegeboden verteilen. Wasser in den Mixtopf geben, Varoma aufsetzen und **14 Minuten/Varoma/Stufe 1** garen.

2. Inzwischen Tomaten waschen, vierteln und Strunk entfernen. Champignons putzen und in dünne Scheiben schneiden. Frühlingszwiebeln waschen, putzen und in dünne Ringe schneiden.

3. Varoma abnehmen, Deckel öffnen und 3 Minuten auskühlen lassen. Blumenkohl aus dem Varoma-Einlegeboden in den Varoma-Behälter schütten und mit einer Gabel gut auspressen.

4. Mixtopf ausspülen und trocknen. Gouda in Stücke schneiden, in den Mixtopf geben, **8 Sekunden/Stufe 8** reiben und beiseite geben.

5. Backofen auf 200 °C (Umluft 180 °C, Gas Stufe 3-4) vorheizen. Ein Backblech mit Backpapier auslegen.

6. Blumenkohlbrei, 140 Gramm geriebenen Gouda, Eier, 1 Teelöffel italienische Kräutermischung, 1/2 Teelöffel Salz in den Mixtopf geben und **8 Sekunden/Stufe 4** vermischen.

7. Die Teigmasse (Bild 1) auf dem Backblech verteilen und mit den Händen etwa 0,5 Zentimeter dick festdrücken (Bild 2). Pizzaboden 15 bis 20 Minuten auf der mittleren Schiene des Backofens goldgelb backen (Bild 3). Aus dem Backofen nehmen und Temperatur auf 230 °C (Umluft 210 °C, Gas Stufe 5) erhöhen.

8. Inzwischen Tomaten, 2 Teelöffel Kräutermischung, 1/2 Teelöffel Salz, 1 Prise Pfeffer und Olivenöl in den Mixtopf geben, **3 Minuten/120° Varoma/Stufe 1** andünsten. **8 Minuten/100 °C/Stufe 2** kochen.

9. Tomatensauce, Geflügelsalami, Champignons, Frühlingszwiebeln und den restlichen Käse auf der Pizza verteilen und 8 bis 10 Minuten auf der mittleren Schiene backen.

***Nährwerte/Portion**: 578 kcal • 44 g Eiweiß • 10 g Kohlenhydrate • 37 g Fett*

1.

2.

3.

Gefüllte Putenroulade auf Salatbett

Zubereitungszeit: 35 Minuten • Gesamtzeit: 55 Minuten

Für 2 Portionen

- 200 g Karotten
- 200 g Brokkoliröschen
- 60 g Frischkäse Rahmstufe (50 % Fett i. Tr.)
- 1 TL Sambal Oelek
- 1/2 TL Salz
- 1/4 TL schwarzer Pfeffer
- 2 dünne Putenbrustfilets (à 150 g)

Für den Salat:
- 40 g Rucola
- 120 g Kirschtomaten
- 20 g roter Aceto balsamico
- 20 g Rapsöl
- 1/2 TL Salz
- 1/4 TL schwarzer Pfeffer aus der Mühle

Außerdem:
- 4 Zahnstocher
- 500 g Wasser zum Dämpfen

1. Karotten waschen, putzen, schälen und in Stücke schneiden. Brokkoli waschen und putzen.

2. Karotten, Brokkoli, Frischkäse, Sambal Oelek, Salz und Pfeffer in den Mixtopf geben und **5 Sekunden/Stufe 5** zerkleinern.

3. Putenbrustfilets unter fließendem kaltem Wasser waschen, trockentupfen, mit der Gemüsemischung bestreichen, zusammenrollen, mit je 2 Zahnstochern feststecken und in den Varoma legen.

4. Mixtopf ausspülen. Wasser in den Mixtopf geben, Varoma aufsetzen und **30 Minuten/Varoma/Stufe 1** dämpfen.

5. Inzwischen für den Salat Rucola waschen und putzen. Tomaten waschen und Stielansätze entfernen. Beides auf Tellern anrichten. Salat mit Essig und Öl übergießen und mit Salz und Pfeffer bestreuen.

6. Putenrouladen in Scheiben schneiden und auf dem Salatbett anrichten.

Nährwerte/Portion*: 405 kcal • 45 g Eiweiß • 15 g Kohlenhydrate • 17 g Fett*

Chili in Paprikahälften

Zubereitungszeit: 20 Minuten • Gesamtzeit: 55 Minuten

Für 2 Portionen

Für das Chili:

- 1 Schalotte
- 2 Knoblauchzehen
- 1 Chilischote
- 1 rote Paprikaschote
- 1 EL Olivenöl
- 200 g Hackfleisch (halb Rind, halb Schwein)
- 300 g gehackte Tomaten (Abtropfgewicht, Dose)
- 1/4 TL Salz
- 1 Prise Pfeffer
- 1 Prise gerebelter Rosmarin
- 1 Prise gerebelter Thymian
- 1/4 TL gemahlener Cumin (Kreuzkümmel)
- 1 große gelbe Paprikaschote

Außerdem:

- 300 g Wasser zum Dämpfen

1. Schalotte und Knoblauch abziehen. Chilischote waschen, längs halbieren und nach Bedarf entkernen. Schalotte, Knoblauch und Chilischote in den Mixtopf geben und **3 Sekunden/Stufe 8** zerkleinern.

2. Rote Paprikaschote waschen, vierteln, putzen, in den Mixtopf geben, **3 Sekunden/Stufe 5** zerkleinern und mit dem Spatel nach unten schieben.

3. Öl in den Mixtopf geben und **2 Minuten/120°/Varoma/↺/Stufe 1** andünsten.

4. Hackfleisch in den Mixtopf geben und **4 Minuten/120°/Varoma/↺/Stufe 1** andünsten.

5. Dosentomaten, Salz, Pfeffer, Rosmarin, Thymian und Cumin dazugeben und **20 Minuten/100 °C/↺/Stufe 1** kochen.

6. Inzwischen gelbe Paprikaschote waschen, halbieren, Kerne und Trennwände entfernen und das Fruchtfleisch in den Varoma-Behälter setzen.

7. Hackfleischmischung in die Paprikahälften füllen und den Rest warm halten. Mixtopf ausspülen.

8. Wasser zum Dämpfen in den Mixtopf geben, Varoma-Behälter aufsetzen und **20 Minuten/Varoma/Stufe 1** dämpfen. Paprikahälften mit dem übrigen Chili servieren.

Info: Die Paprikahälften kurz vor dem Servieren mit 1 Esslöffel grob gehacktem Koriandergrün bestreuen – das harmoniert perfekt mit dem Chili.

***Nährwerte/Portion**: 322 kcal • 24 g Eiweiß • 16 g Kohlenhydrate • 15 g Fett*

Vegetarisches Chili mit Avocado und Ei

Zubereitungszeit: 20 Minuten • Gesamtzeit: 35 Minuten

Für 2 Portionen

Für das Chili:
- 1 Schalotte
- 2 Knoblauchzehen
- 1 kleine Chilischote
- 1 gelbe Paprikaschote
- 1 rote Paprikaschote
- 200 g gehackte Tomaten (Abtropfgewicht, Dose)
- 10 g Olivenöl
- 1/2 TL Salz
- 1 Prise Pfeffer
- 1/4 TL gemahlener Cumin (Kreuzkümmel)

Für die Avocado:
- 1 Avocado (ca. 200 g Fruchtfleisch)
- 2 Prisen Salz
- 2 Prisen Pfeffer
- 2 Eier

Außerdem:
- 1 Auflaufform (30 x 20 cm)
- 2 Zitronenspalten
- Koriandergrün

1. Schalotte und Knoblauch abziehen. Chilischote waschen, längs halbieren und nach Bedarf entkernen. Schalotte, Knoblauch und Chilischote in den Mixtopf geben und **3 Sekunden/Stufe 8** zerkleinern.

2. Paprikaschoten waschen, vierteln und putzen. Tomaten und Paprika in den Mixtopf geben und **5 Sekunden/Stufe 5** zerkleinern. Olivenöl, Salz, Pfeffer und Cumin in den Mixtopf geben und **15 Minuten/100 °C/Stufe 1** kochen.

3. Inzwischen Avocado halbieren, den Kern mit einem Löffel vorsichtig entfernen, das Fruchtfleisch vorsichtig schälen, sodass die Form erhalten bleibt. Leicht salzen und pfeffern.

4. Backofen auf 180 °C (Umluft 160 °C, Gas Stufe 2–3) vorheizen.

5. Die Eier trennen, das Eigelb in die Höhlung der Avocado gleiten lassen und mit Eiweiß auffüllen.

6. Das Chili in die Auflaufform geben, die Avocadohälften daraufsetzen und auf der mittleren Schiene des Backofens 15 Minuten backen.

7. Das Gericht aus dem Backofen holen und mit Zitronenspalten und Koriandergrün garnieren.

***Nährwerte/Portion:** 469 kcal • 13 g Eiweiß • 16 g Kohlenhydrate • 36 g Fett*

Hackbällchen in Paprikasauce

Zubereitungszeit: 20 Minuten • Gesamtzeit: 50 Minuten

Für 2 Portionen

Für die Hackbällchen:
- 1 Zweig Rosmarin
- 1 Zweig Thymian
- 1 Schalotte
- 2 Knoblauchzehen
- 200 g Hackfleisch (halb Rind, halb Schwein)
- 1 Ei
- 1/2 TL Salz
- 1 Prise Pfeffer
- 1 TL Dijonsenf

Für die Sauce:
- 1 Schalotte
- 1 Knoblauchzehe
- 3 Paprikaschoten (rot, gelb)
- 1 EL Rapsöl
- 100 g passierte Tomaten (Dose)
- 1/2 TL Salz
- 1 Prise edelsüßes Paprikapulver
- 1 Prise Pfeffer

Außerdem:
- 600 g Wasser zum Dämpfen

1. Für die Hackbällchen Kräuter waschen, trockentupfen, von den Zweigen streifen und in den Mixtopf geben. Schalotte und Knoblauch abziehen, in den Mixtopf geben und **3 Sekunden/Stufe 8** zerkleinern. Mit dem Spatel nach unten schieben.

2. Hackfleisch, Ei, Salz, Pfeffer und Senf in den Mixtopf geben und mithilfe des Spatels **2 Minuten/⟲/Stufe 3** vermischen.

3. Mit angefeuchteten Fingern Hackbällchen von ca. 4 Zentimeter Durchmesser formen und in den Varoma-Einlageboden legen. Mixtopf ausspülen.

4. Wasser zum Dämpfen in den Mixtopf geben und **25 Minuten/Varoma/Stufe 1** garen. Hackbällchen beiseite geben und warm halten. Wasser ausschütten.

5. Inzwischen für die Sauce Schalotte und Knoblauch abziehen, in den Mixtopf geben und **3 Sekunden/Stufe 5** zerkleinern.

6. Paprikaschoten waschen, vierteln, putzen, in den Mixtopf geben, **3 Sekunden/Stufe 5** zerkleinern und mit dem Spatel nach unten schieben.

7. Rapsöl in den Mixtopf geben und **3 Minuten/120° Varoma/⟲/Stufe 1** andünsten.

8. Passierte Tomaten, Salz, Paprikapulver und Pfeffer in den Mixtopf geben und **10 Minuten/100 °C/⟲/Stufe 1** kochen.

9. Hackbällchen mit der Sauce übergießen.

***Nährwerte/Portion:** 397 kcal • 28 g Eiweiß • 19 g Kohlenhydrate • 19 g Fett*

Fisch mit Paprikasauce

Zubereitungszeit: 20 Minuten • Gesamtzeit: 45 Minuten

Für 2 Portionen

Für die Sauce:
- ½ Bund Petersilie
- 1 Schalotte
- 1 Knoblauchzehe
- 3 rote Paprikaschoten (ca. 500 g)
- 200 g gehackte Tomaten (Dose)
- 1 EL Olivenöl
- 1/2 TL Salz
- 1/4 TL edelsüßes Paprikapulver

Für die Fischpäckchen:
- 2 Fischfilets (à 150 g), z. B. Seelachs
- 10 g Butter
- 2 Prisen Salz
- 1 unbehandelte Zitrone
- 2 Stängel Petersilie

Außerdem:
- 2 Stück Alufolie (à 25 x 25 cm)
- 1 feine Reibe
- 500 g Wasser zum Dämpfen

1. Für die Sauce Petersilie waschen, trockentupfen und Blätter in den Mixtopf geben. Schalotte und Knoblauch abziehen, in den Mixtopf geben und **3 Sekunden/Stufe 8** zerkleinern.

2. Paprikaschoten waschen, vierteln, putzen, in den Mixtopf geben, **3 Sekunden/Stufe 5** zerkleinern und mit dem Spatel nach unten schieben.

3. Tomaten, Olivenöl, Salz und Paprikapulver in den Mixtopf geben und **12 Minuten/100 °C/↺/Stufe 1** kochen. Sauce beiseite geben und warm halten. Mixtopf ausspülen.

4. Inzwischen für den Fisch zwei quadratische Stücke Alufolie zurechtlegen. Fischfilets unter fließendem kaltem Wasser waschen, trockentupfen und auf die Alufolien legen. Butter in Scheiben schneiden und auf dem Fisch verteilen. Mit wenig Salz würzen.

5. Zitrone heiß abwaschen, mit einer Reibe 1/2 Teelöffel Schale abreiben und dann 1 Teelöffel Saft auspressen. Zitronenabrieb und Zitronensaft über den Fisch geben.

6. Petersilie waschen und über den Fisch geben. Die Päckchen verschließen und in den Varoma-Einsatz geben.

7. Wasser in den Mixtopf geben, Varoma aufsetzen und **25 Minuten/Varoma/Stufe 1** dämpfen.

8. Fisch auspacken und zusammen mit Paprikasauce servieren.

Variante: Die Sauce im Thermomix® kochen und die Fischfilets in eine gebutterte, ofenfeste Form geben, mit Paprikasauce übergießen und bei 180 °C (Umluft 160 °C, Gas Stufe 2–3) im Backofen ca. 15 Minuten backen.

Info: Wer Paprikaschoten ohne Haut verarbeiten möchte, kann diese halbieren, putzen, mit der Schnittfläche nach unten auf ein Backblech legen und im Backofen grillen. Sobald die Haut schwarz wird, die Paprikaschoten aus dem Backofen nehmen und mit einem feuchten Tuch zudecken. Nach einigen Minuten die Haut abziehen.

***Nährwerte/Portion**: 355 kcal • 32 g Eiweiß • 21 g Kohlenhydrate • 11 g Fett*

Lachsfilet mit Brokkoli und Senfsauce

Zubereitungszeit: 20 Minuten • Gesamtzeit: 50 Minuten

Für 2 Portionen

- 2 Lachsfilets (à 150 g)
- 2 EL Zitronensaft
- Salz
- schwarzer Pfeffer

Für die Sauce:

- 1 Schalotte
- 20 g Butter
- 20 g trockener Weißwein
- 50 g Sahne (30 % Fett)
- 80 g Milch (3,5 % Fett)
- Salz
- schwarzer Pfeffer
- 10 g Dijonsenf
- 1 Eigelb

Für den Brokkoli:

- 500 g Brokkoliröschen
- Salz

Außerdem:

- 500 g Wasser zum Dämpfen

1. Lachsfilets unter fließendem kaltem Wasser waschen, trockentupfen, mit Zitronensaft, Salz und Pfeffer würzen und 10 Minuten im Kühlschrank durchziehen lassen.

2. Für die Sauce Schalotte abziehen, halbieren, in den Mixtopf geben und **3 Sekunden/Stufe 6** zerkleinern.

3. Butter in den Mixtopf geben und **3 Minuten/120°/Varoma/⟲/Stufe 1** andünsten.

4. Weißwein zum Ablöschen in den Mixtopf geben und **2 Minuten/100 °C/⟲/Stufe 1** ohne Messbecher einkochen lassen.

5. Sahne, Milch, Salz, Pfeffer und Senf in den Mixtopf geben und **2 Minuten/100 °C/⟲/Stufe 1** erhitzen. Die Sauce beiseite geben. Mixtopf ausspülen.

6. Brokkoliröschen waschen, putzen, in den Varoma-Behälter geben und salzen. Lachsfilet in den Varoma-Einlegeboden geben.

7. Wasser in den Mixtopf geben, Varoma aufsetzen und **20 Minuten/Varoma/Stufe 1** dämpfen.

8. Lachs und Brokkoli auf Tellern anrichten. Mixtopf ausspülen.

9. Sauce und Eigelb in den Mixtopf geben und **5 Sekunden/Stufe 6** mixen. Sauce sofort über Lachs und Brokkoli anrichten.

***Nährwerte/Portion**: 621 kcal • 44 g Eiweiß • 11 g Kohlenhydrate • 43 g Fett*

Avocado-Lachs-Tatar mit Dillsauce (Foto)

Zubereitungszeit: 20 Minuten • Gesamtzeit: 20 Minuten

Für 2 Portionen

- 60 g Feldsalat
- 1 Limette
- 200 g Räucherlachs
- 1 Bund Dill
- 1 TL Wasabipaste
- 75 g Crème fraîche (30 % Fett)
- 1/2 TL Salz
- 1 Avocado (ca. 200 g Fruchtfleisch)
- 1 TL Sesam

Außerdem:

- 4 Dessertringe (à 6 cm Durchmesser)

1. Feldsalat putzen, waschen und gut abtropfen lassen.
2. Limette auspressen. Räucherlachs in kleine Würfel schneiden und mit der Hälfte des Limettensafts beträufeln.
3. Für die Sauce Dill waschen, trockentupfen und die dicken Stängel entfernen. Dillblättchen, restlichen Limettensaft, Wasabipaste, Crème fraîche und Salz in den Mixtopf geben und **3 Sekunden/Stufe 8** mixen, mit dem Spatel nach unten schieben und erneut **3 Sekunden/Stufe 8** mixen.
4. Avocado halbieren, den Kern entfernen, das Fruchtfleisch schälen und fein würfeln. Avocadowürfel und Räucherlachs vermischen und mithilfe von Dessertringen auf Tellern anrichten. Feldsalat dazugeben. Mit Dillsauce übergießen und mit Sesam bestreuen.

***Nährwerte/Portion**: 575 kcal • 26 g Eiweiß • 7 g Kohlenhydrate • 48 g Fett*

Blumenkohlreis als Beilage

Zubereitungszeit: 15 Minuten • Gesamtzeit: 30 Minuten

Für 2 Portionen

- 300 g Blumenkohl
- 1/4 TL Salz
- 2 Prisen Pfeffer
- 1 TL Olivenöl
- 1 TL Sahne (30 % Fett)
- 1 Prise Muskatnuss, frisch gerieben
- 80 g Wasser

1. Blumenkohl waschen, putzen, in Stücke schneiden und in den Mixtopf geben. Salz und Pfeffer dazugeben und **5 Sekunden/Stufe 5** zerkleinern; der Blumenkohl sollte ungefähr die Größe von Reiskörnern haben. Nach Bedarf nacharbeiten.
2. Blumenkohl in das Garkörbchen füllen. Olivenöl, Sahne, Muskatnuss und Wasser in den Mixtopf geben, Garkörbchen einhängen und **15 Minuten/100 °C/Stufe 2** garen.

Info: Mit frischen Kräutern (z.B. Petersilie, Basilikum oder Koriandergrün) oder exotischen Gewürzen (z.B. Currymischungen oder Kurkuma) abschmecken.

***Nährwerte/Portion**: 72 kcal • 5 g Eiweiß • 3 g Kohlenhydrate • 3 g Fett*

Risotto aus Blumenkohl

Zubereitungszeit: 15 Minuten • Gesamtzeit: 30 Minuten

Für 2 Portionen

- 400 g Blumenkohl
- 6 Cocktailtomaten (ca. 120 g)
- 1 Knoblauchzehe
- 1 Schalotte
- 30 g Butter
- 150 g Geflügelbrühe
- 1/2 TL Salz
- 1 Prise Pfeffer
- 5 Minzblätter
- 50 g Ziegenfrischkäse

1. Blumenkohl waschen, putzen, in Stücke schneiden, in den Mixtopf geben und **5 Sekunden/Stufe 5** zerkleinern. Er sollte ungefähr die Größe von Reiskörnern haben. Nach Bedarf nacharbeiten. In das Garkörbchen umfüllen.

2. Cocktailtomaten waschen, vierteln und zum Blumenkohl in das Garkörbchen legen.

3. Knoblauch abziehen, in den Mixtopf geben und **3 Sekunden/Stufe 8** zerkleinern.

4. Schalotte abziehen, in den Mixtopf geben, **3 Sekunden/Stufe 5** zerkleinern und mit dem Spatel nach unten schieben. Butter dazugeben und **3 Minuten/120° Varoma/↺/Stufe 1** andünsten.

5. Mit Brühe aufgießen, Salz und Pfeffer in den Mixtopf geben, Garkörbchen einsetzen und **20 Minuten/Varoma/Stufe 1** garen.

6. Minzblätter waschen, trockentupfen und klein zupfen.

7. Blumenkohl, Ziegenfrischkäse und Tomaten in den Mixtopf geben und **5 Sekunden/↺/Stufe 3** verrühren.

8. Blumenkohl-Risotto mit Minzblättern bestreuen.

Info: Wer keinen Ziegenfrischkäse mag, kann das Risotto auch mit Frischkäse aus Kuhmilch verfeinern.

***Nährwerte/Portion**: 307 kcal • 15 g Eiweiß • 8 g Kohlenhydrate • 22 g Fett*

Blumenkohlauflauf

Zubereitungszeit: 20 Minuten • Gesamtzeit: 1 Stunde

Für 4 Portionen

Für den Auflauf:
- 100 g Emmentaler
- 750 g Blumenkohl
- 100 g Wacholderschinken

Für die Sauce:
- 50 g Sahne (30 % Fett)
- 100 g Milch (3,5 % Fett)
- 2 Eier
- 1/4 TL Salz
- 2 Prisen Pfeffer
- 1 Prise Muskatnuss, frisch gerieben

Außerdem:
- 500 g Wasser zum Dämpfen
- 1 1/2 TL Salz
- 1 Auflaufform (ca. 30 x 20 cm)
- 5 g Butter für die Form

1. Emmentaler in Stücke schneiden, in den Mixtopf geben, **10 Sekunden/Stufe 5** reiben und beiseite geben.

2. Blumenkohl waschen und putzen, in Röschen teilen und in den Varoma-Behälter geben. Wasser und Salz in den Mixtopf geben, Varoma aufsetzen und den Blumenkohl **25 Minuten/Varoma/Stufe 1** garen. Wasser ausleeren und Mixtopf ausspülen.

3. Backofen auf 180 °C (Umluft 160 °C, Gas Stufe 2–3) vorheizen. Eine Auflaufform mit Butter ausstreichen.

4. Wacholderschinken in Stücke rupfen. Blumenkohl und Schinken abwechselnd in die Form schichten.

5. Für die Sauce Sahne, Milch, Eier, Salz, Pfeffer und Muskatnuss in den Mixtopf geben und **10 Sekunden/Stufe 4** verrühren.

6. Die Sauce über den Blumenkohl gießen und mit dem beiseite gegebenen Käse bestreuen. Den Auflauf im heißen Backofen 20 Minuten backen.

Info: Der Auflauf ist für vier Portionen berechnet, denn er schmeckt aufgewärmt auch am nächsten Tag noch sehr gut. Die Portionsgröße beim Abnehmen bitte beachten.

***Nährwerte/Portion**: 585 kcal • 44 g Eiweiß • 12 g Kohlenhydrate • 37 g Fett*

Miniflammkuchen

Zubereitungszeit: 15 Minuten • Gesamtzeit: 40 Minuten + 1 Stunde Ruhezeit

Für 2 Portionen (je 2 Stücke)

Für die Böden:
- 50 g getrocknete Kichererbsen
- 50 g geschälte Mandeln
- 40 g Leinsamen
- 1/2 Würfel Hefe
- 90 g Wasser
- 1/2 TL Salz
- 10 g Olivenöl

Für die Sauce:
- 2 Zweige Thymian
- 1 rote Zwiebel
- 200 g Crème fraîche (30 % Fett)
- 1/2 TL Salz
- 2 Prisen Pfeffer

Für den Belag:
- 70 g Zucchini
- 20 g Kapern

Außerdem:
- Backpapier

1. Kichererbsen, Mandeln und Leinsamen in den Mixtopf geben, **1 Minute/Stufe 10** mahlen und das entstandene Mehl beiseite geben.
2. Hefe in den Mixtopf bröckeln, Wasser dazugeben und **2 Minuten/37 °C/Stufe 2** erwärmen.
3. Kichererbsen-Mandel-Leinsamen-Mehl, Salz und Olivenöl in den Mixtopf geben und **2 Minuten/Knetstufe** zu einem Teig kneten. Zudecken und 1 Stunde gehen lassen. Mixtopf ausspülen und trocknen.
4. Für die Sauce Thymian waschen, trockentupfen, Blättchen abzupfen, in den Mixtopf geben, **3 Sekunden/Stufe 8** zerkleinern.
5. Zwiebel abziehen, halbieren, in den Mixtopf geben, **3 Sekunden/Stufe 5** zerkleinern und mit dem Spatel nach unten schieben.
6. Crème fraîche, Salz und Pfeffer in den Mixtopf geben und **8 Sekunden/Stufe 3** verrühren.
7. Backofen auf 180 °C (Umluft 160 °C, Gas Stufe 2–3) vorheizen. Ein Backblech mit Backpapier auslegen.
8. Teig vierteln, zwischen zwei Backpapieren zu kleinen runden Flammkuchenböden ausrollen, auf das Backblech legen und 15 Minuten auf der mittleren Schiene des Backofens backen.
9. Für den Belag Zucchini waschen, putzen und in dünne Scheiben schneiden.
10. Die Flammkuchenböden mit Sauce bestreichen, mit Zucchinischeiben und Kapern belegen und weitere 10 Minuten auf der mittleren Schiene des Backofens backen.

***Nährwerte/Portion:** 672 kcal • 19 g Eiweiß • 20 g Kohlenhydrate • 53 g Fett*

Rösti mit Joghurtdip

Zubereitungszeit: 20 Minuten • Gesamtzeit: 30 Minuten

Für 2 Portionen

Für den Dip:
- 1/4 Bund Koriandergrün
- 1 Knoblauchzehe
- 150 g Naturjoghurt griechischer Art (10 % Fett)
- 1/4 TL Salz

Für die Rösti:
- 2 Knoblauchzehen
- 150 g Karotten
- 150 g Zucchini
- 2 Eier
- 1/4 TL Salz
- 1 Prise Pfeffer
- 1 Prise Muskatnuss, frisch gerieben
- 1 Prise Currypulver

Außerdem:
- Rapsöl zum Anbraten

1. Für den Dip Koriandergrün waschen, trockentupfen, die Blätter abzupfen und in den Mixtopf geben. Knoblauch abziehen, in den Mixtopf geben und **3 Sekunden/Stufe 8** zerkleinern. Mit dem Spatel nach unten schieben.

2. Joghurt und Salz dazugeben, **10 Sekunden/Stufe 3** verrühren und beiseite geben.

3. Für die Rösti Knoblauch abziehen, in den Mixtopf geben, **3 Sekunden/Stufe 8** zerkleinern und mit dem Spatel nach unten schieben.

4. Karotten waschen, putzen, schälen und in Stücke schneiden. Zucchini waschen und in Stücke schneiden. Karotten- und Zucchinistücke in den Mixtopf geben, mithilfe des Spatels **10 Sekunden/Stufe 5** zerkleinern und nach unten schieben.

5. Eier, Salz, Pfeffer, Muskatnuss und Currypulver in den Mixtopf geben und **25 Sekunden/↺/Stufe 4** vermischen. 10 Minuten ziehen lassen.

6. Inzwischen eine beschichtete Pfanne mit Öl erhitzen. Aus dem Teig 8 flache Rösti formen und nacheinander von beiden Seiten braten. Auf Tellern anrichten und mit dem Joghurtdip servieren.

***Nährwerte/Portion**: 239 kcal • 13 g Eiweiß • 13 g Kohlenhydrate • 14 g Fett*

Bratäpfel

Zubereitungszeit: 15 Minuten • Gesamtzeit: 30 Minuten

Für 2 Portionen

- 40 g Walnusskerne
- 2 Äpfel (à 100 g)
- 1 TL Zitronensaft
- 1/4 TL gemahlener Zimt
- 1 Prise Cayennepfeffer
- 1 Prise Backkakao
- 20 g Gojibeeren
- 50 g Camembert (45 % Fett i. Tr.)

Außerdem:

- Backpapier oder Dämpfpapier für den Varoma
- 300 g Wasser zum Dämpfen

1. Walnusskerne in den Mixtopf geben, **3 Sekunden/Stufe 6** zerkleinern und beiseite geben.
2. Varoma-Einlegeboden mit Backpapier auslegen.
3. Äpfel waschen, waagerecht halbieren, Kerngehäuse entfernen und die Apfelhälften mit der abgerundeten Seite nach unten in den Varoma-Einlageboden legen.
4. Die Apfelhälften mit Zitronensaft bepinseln und leicht mit Zimt, Cayennepfeffer und Backkakao bestauben.
5. Walnusskerne und Gojibeeren auf den Apfelhälften verteilen.
6. Camembert zerzupfen und auf die Nuss-Frucht-Mischung legen.
7. Wasser in den Mixtopf geben, Varoma aufsetzen und **15 Minuten/Varoma/Stufe 1** dämpfen.

***Nährwerte/Portion**: 285 kcal • 8 g Eiweiß • 17 g Kohlenhydrate • 18 g Fett*

Griechische Hack-Gemüsespaghetti

Zubereitungszeit: 30 Minuten • Gesamtzeit: 40 Minuten

Für 2 Portionen

- 1/2 Bund Petersilie
- 3 Knoblauchzehen
- 100 g Naturjoghurt griechischer Art (10 % Fett)
- 3/4 TL Salz
- 500 g Zucchini
- 6 Kirschtomaten (ca. 100 g)
- 10 g Olivenöl
- 250 g Hackfleisch (Rind)
- bunter Pfeffer
- 30 g Weißkäse nach Fetaart

Außerdem:
- 1 Spiralschneider oder Sparschäler
- 300 g Wasser zum Dämpfen

1. Petersilie waschen, trockentupfen, die Blättchen abzupfen, in den Mixtopf geben und **3 Sekunden/Stufe 8** zerkleinern. Mit dem Spatel nach unten schieben.

2. Knoblauch abziehen, in den Mixtopf geben und **3 Sekunden/Stufe 8** zerkleinern und mit dem Spatel nach unten schieben. 1/2 Esslöffel Petersilien-Knoblauch-Mischung beiseite geben.

3. Joghurt und 1/4 Teelöffel Salz in den Mixtopf geben, **6 Sekunden/Stufe 4** verrühren und beiseite geben. Mixtopf spülen.

4. Zucchini waschen, putzen, mit einem Spiralschneider dünne Streifen abschneiden und in den Varoma-Behälter legen.

5. Tomaten waschen und in den Varoma-Behälter legen.

6. Wasser in den Mixtopf geben, Varoma-Behälter aufsetzen und **20 Minuten/Varoma/Stufe 1** dämpfen.

7. Inzwischen Olivenöl in einer beschichteten Pfanne erhitzen und das Hackfleisch darin anbraten. Kurz vor Ende der Garzeit mit dem übrigen Salz, Pfeffer und der Petersilien-Knoblauch-Mischung würzen.

8. Zucchininudeln und Tomaten auf zwei Tellern anrichten, Hackfleisch und Joghurt darübergeben und mit Käse vollenden.

Nährwerte/Portion*: 432 kcal • 36 g Eiweiß • 13 g Kohlenhydrate • 25 g Fett*

Gebratene Nudeln mit Rinderfilet

Zubereitungszeit: 25 Minuten • Gesamtzeit: 25 Minuten

Für 2 Portionen

- 130 g Shiritaki-Nudeln
- 50 g Karotte
- 2 Frühlingszwiebeln

Für die Sauce:
- 1 Knoblauchzehe
- 10 g Ingwer
- 20 g Erdnussöl
- 20 g Erdnussmus
- 15 g Sojasauce
- 10 g Limettensaft
- 35 g Kokosmilch
- 1 TL gerebeltes Koriandergrün
- 1/4 TL Salz
- 1 Prise Cayennepfeffer

Für das Fleisch:
- 100 g Rinderfilet
- 20 g Erdnussöl

1. In einem Kochtopf auf der Kochstelle Nudeln nach Packungsanweisung garen.

2. Inzwischen Karotte schälen, in Stücke schneiden, in den Mixtopf geben und **6 Sekunden/Stufe 5** zerkleinern. Frühlingszwiebeln waschen, putzen und in Ringe schneiden. Beides beiseite geben.

3. Für die Sauce Knoblauch abziehen, Ingwer schälen, beides in den Mixtopf geben, **3 Sekunden/Stufe 8** zerkleinern und mit dem Spatel nach unten schieben.

4. Erdnussöl dazugeben und **3 Minuten/Varoma 120°/↺/Stufe 1** andünsten.

5. Erdnussmus, Sojasauce, Limettensaft, Kokosmilch, Koriandergrün, Salz und Cayennepfeffer in den Mixtopf geben und **4 Minuten/90 °C/Stufe 2** erhitzen.

6. Inzwischen Rinderfilet in ca. 1 Zentimeter dünne Streifen schneiden. Erdnussöl in einer beschichteten Pfanne erhitzen und das Fleisch darin scharf anbraten.

7. Nudeln, Karotte und Frühlingszwiebeln dazugeben und ebenfalls anbraten. Die Hitzezufuhr abschalten, die Sauce aus dem Mixtopf dazugeben und untermischen.

***Nährwerte/Portion**: 339 kcal • 15 g Eiweiß • 7 g Kohlenhydrate • 27 g Fett*

Kürbisnudeln mit Varomahähnchen

Zubereitungszeit: 30 Minuten • Gesamtzeit: 50 Minuten

Für 2 Portionen

Für das Hähnchen:
- 1 unbehandelte Limette
- 200 g Hähnchenbrustfilet
- 1 TL gerebelter Thymian
- 1/2 TL Kokosblütenzucker
- 1/2 TL Salz
- 1 Prise Pfeffer

Für die Nudeln:
- 400 g Butternusskürbis
- Salz
- Pfeffer
- 20 g Olivenöl

Außerdem:
- 1 Reibe
- Backpapier oder Dämpfpapier für den Varoma
- 1 Spiralschneider
- 500 g Wasser zum Dämpfen

1. Für das Hähnchen Limette heiß abwaschen und mit einer Reibe 1 Teelöffel Limettenschale fein abreiben.

2. Hähnchenbrustfilet in ca. 1 Zentimeter dicke Stücke schneiden und mit Limettenschale, Thymian, Kokosblütenzucker, Salz und Pfeffer einreiben.

3. Varoma-Einlegeboden mit Dämpfpapier auslegen und die Fleischstücke darauflegen.

4. Wasser in den Mixtopf geben.

5. Für die Nudeln den Kürbis schälen, entkernen, in längliche Stücke schneiden und mit einem Spiralschneider oder Sparschäler in schmale Nudeln schneiden.

6. Nudeln in den Varoma-Behälter legen, Varoma aufsetzen und **20 Minuten/Varoma/Stufe 1** garen.

7. Nudeln mit Salz und Pfeffer würzen und mit Olivenöl vermischen. Nudeln mit Hähnchenstreifen auf Tellern anrichten.

***Nährwerte/Portion**: 271 kcal • 25 g Eiweiß • 18 g Kohlenhydrate • 11 g Fett*

Karottenspaghetti mit Blauschimmelkäse

Zubereitungszeit: 25 Minuten • Gesamtzeit: 45 Minuten

Für 2 Portionen

- 500 g Karotten

Für die Sauce:
- 1 Schalotte
- 10 g Rapsöl
- 200 g pikanter Gorgonzola
- 100 g Sahne (30 % Fett)
- ¼ TL Salz
- 1 Prise Pfeffer
- 1/2 unbehandelte Zitrone

Außerdem:
- 1 Spiralschneider
- 1 feine Reibe
- 300 g Wasser zum Dämpfen

1. Karotten waschen, putzen, schälen, mit einem Spiralschneider dünne Streifen abschneiden und in den Varoma-Behälter geben.

2. Für die Sauce Schalotte abziehen, in den Mixtopf geben und **3 Sekunden/Stufe 5** zerkleinern.

3. Rapsöl in den Mixtopf geben, **3 Minuten/120° Varoma/⟲/Stufe 1** andünsten.

4. Gorgonzola in Stücke schneiden. Käse, Sahne, Salz und Pfeffer in den Mixtopf geben und **10 Minuten/90 °C/Stufe 1** erwärmen.

5. Inzwischen Zitrone heiß abwaschen, mit einer Reibe etwas Schale abreiben und dann 1 Teelöffel Zitronensaft auspressen. Zitronensaft und Zitronenabrieb in den Mixtopf geben und **8 Sekunden/Stufe 8** pürieren. Sauce beiseite geben und warm halten. Mixtopf ausspülen.

6. Wasser in den Mixtopf geben, Varoma aufsetzen und die Karottennudeln **20 Minuten/Varoma/Stufe 1** dämpfen.

Info: Die einfachste und kostengünstigste Variante Gemüse wie Karotten, Kürbis und Zucchini in Spiralform zu bringen, ist das Bearbeiten mit einem Sparschäler. Dazu werden möglichst dünne Streifen abgeschnitten, wobei das etwas zeitaufwändig ist und das Ergebnis nicht immer optimal ist. Besser geeignet sind Spiralschneider, von denen es verschiedene Ausführungen gibt. Hand-Spiralschneider ermöglichen die Herstellung von drei verschieden dicken Gemüsespiralen, sofern man etwas Muskelkraft einsetzen will. Bei diesen kleinen, handlichen, preiswerten Geräten lassen sich allerdings die Zwischenräume der Messer nicht ganz einfach reinigen. Daneben gibt es Geräte mit Kurbelantrieb, bei denen vier Saugnäpfe für einen sicheren Stand sorgen, die Messer leicht auszubauen und zu reinigen sind – wahlweise mit der Möglichkeit, die Austauschmesser selbst am Gerät zu verstauen. Und es gibt auch Geräte mit elektrischem Antrieb, die verhältnismäßig teuer sind, dafür aber sehr einfach zu bedienen sind.

***Nährwerte/Portion**: 637 kcal • 23 g Eiweiß • 14 g Kohlenhydrate • 52 g Fett*

Zucchinispaghetti mit Tomaten-Speck-Sauce

Zubereitungszeit: 15 Minuten • Gesamtzeit: 35 Minuten

Für 2 Portionen

- 750 g Zucchini

Für die Sauce:
- 50 g Parmesan
- 300 g Zwiebeln
- 6 Knoblauchzehen
- 10 g Olivenöl
- 60 g Speckwürfel
- 500 g gehackte Tomaten (Dose)
- 1/2 TL Salz
- 2 Prisen Pfeffer
- 1/4 TL Cayennepfeffer

Außerdem:
- 1 Spiralschneider
- 300 g Wasser zum Dämpfen

1. Für die Sauce Parmesan in den Mixtopf geben, **10 Sekunden/Stufe 10** reiben und beiseite geben.
2. Zwiebeln und Knoblauch abziehen, in den Mixtopf geben und **3 Sekunden/Stufe 8** zerkleinern.
3. Öl und Speckwürfel in den Mixtopf geben, **3 Minuten/120°/Varoma/⟲/Stufe 1** andünsten.
4. Tomaten, Salz, Pfeffer und Cayennepfeffer in den Mixtopf geben und **15 Minuten/100 °C/⟲/Stufe 1** ohne eingesetzten Messbecher kochen lassen; dabei den Gareinsatz als Spritzschutz verwenden.
5. Inzwischen Zucchini waschen, putzen, mit einem Spiralschneider dünne Streifen abschneiden und in den Varoma-Behälter geben.
6. Sauce beiseite geben und warm halten. Mixtopf ausspülen.
7. Wasser in den Mixtopf geben, Varoma-Behälter aufsetzen und die Zucchininudeln **20 Minuten/Varoma/Stufe 1** dämpfen.
8. Zucchinispaghetti mit der Sauce auf Tellern anrichten und mit dem geriebenen Parmesan bestreuen.

***Nährwerte/Portion**: 460 kcal • 28 g Eiweiß • 28 g Kohlenhydrate • 22 g Fett*

Gedämpfter Thunfisch auf Gurken

Zubereitungszeit: 15 Minuten • Gesamtzeit: 40 Minuten

Für 2 Portionen

- 1 unbehandelte Zitrone
- 2 Thunfischsteaks (à 150 g)
- 1 Salatgurke (ca. 400 g)
- 20 g Kapern
- 1 TL Salz
- 2 Schalotten
- 1/2 Bund Dill
- 50 g saure Sahne (10 % Fett)
- 1 TL Dijonsenf
- bunter Pfeffer

Außerdem:
- 1 Zestenreißer
- 400 g Wasser zum Dämpfen

1. Zitrone heiß abwaschen und mit einem Zestenreißer feine Streifen von der Schale abziehen. Von der Zitrone zwei ca. 0,5 Zentimeter dicke Scheiben abschneiden und dann den Saft aus der restlichen Zitrone auspressen.

2. Thunfischsteaks in den Varoma-Einlegeboden geben, mit Saft beträufeln und mit Zitronenscheiben belegen.

3. Gurke waschen, in Scheiben schneiden und im Varoma-Behälter verteilen. Die Hälfte der Kapern dazugeben.

4. Wasser und Salz in den Mixtopf geben, Varoma aufsetzen und **20 Minuten/Varoma/Stufe 1** dämpfen.

5. Inzwischen Schalotten abziehen. Dill waschen, trockentupfen und die dicken Stängel entfernen. Wasser aus dem Mixtopf auffangen, Mixtopf ausspülen und trocknen.

6. Schalotten und Dill in den Mixtopf geben, **5 Sekunden/Stufe 8** zerkleinern und mit dem Spatel nach unten schieben.

7. Saure Sahne, Senf, restliche Kapern und 50 Gramm des aufgefangenen Wassers in den Mixtopf geben und **20 Sekunden/↺/Stufe 3** vermischen und **5 Minuten/100 °C/Stufe 1** kochen.

8. Gurkenscheiben auf den Tellern verteilen, Thunfischsteaks darauflegen und mit der Sauce übergießen. Mit Zitronenschale und Pfeffer bestreuen.

Nährwerte/Portion: *418 kcal • 37 g Eiweiß • 7 g Kohlenhydrate • 27 g Fett*

REZEPTE

DESSERTS

AUS DEM THERMOMIX®

Schokopudding (Foto)

Zubereitungszeit: 10 Minuten • Gesamtzeit: 10 Minuten + 1 Stunde Kühlzeit

Für 2 Portionen

- 400 g ungesüßter Haselnussdrink
- 1 TL Guarkernmehl
- 3 TL Steviasüße mit Erythrit
- 60 g Zartbitterschokolade (85 % Kakao)
- 1 Eigelb

Außerdem:
- 2 Dessertschälchen

1. Haselnussdrink und Guarkernmehl in den Mixtopf geben, erst **8 Sekunden/Stufe 10** mixen, dann **5 Minuten/100 °C/Stufe 1** aufkochen.
2. Steviasüße, Zartbitterschokolade und Eigelb dazugeben und **3 Minuten/Stufe 2** vermischen.
3. Die Masse in zwei Dessertschälchen füllen, abkühlen lassen und anschließend in den Kühlschrank geben, bis der Pudding kalt ist.

***Nährwerte/Portion**: 279 kcal • 5 g Eiweiß • 12 g Kohlenhydrate • 23 g Fett*

Mascarponecreme (Foto Seite 148)

Zubereitungszeit: 15 Minuten • Gesamtzeit: 15 Minuten + 1 Stunde Auftauzeit

Für 2 Portionen

- 75 g gefrorene Himbeeren (TK-Ware)
- 50 g Mascarpone
- 150 g Skyr (Natur)
- 1/2 Vanilleschote
- 1 unbehandelte Zitrone
- 5 g Erythrit
- 100 g frische Himbeeren

Außerdem:
- 1 feine Reibe
- 2 Dessertschälchen

1. Tiefgekühlte Himbeeren auftauen lassen.
2. Mascarpone und Skyr in den Mixtopf geben und **15 Sekunden/Stufe 3** verrühren.
3. Vanilleschote längs aufschlitzen, das Mark herauskratzen und in den Mixtopf geben. Zitrone heiß abwaschen, mit einer Reibe 1 Teelöffel Zitronenschale abreiben und in den Mixtopf geben.
4. Die aufgetauten Himbeeren und Erythrit dazugeben und **15 Sekunden/Stufe 4** verrühren.
5. Die Creme auf zwei Dessertschälchen aufteilen und mit frischen Himbeeren garnieren.

***Nährwerte/Portion**: 184 kcal • 10 g Eiweiß • 8 g Kohlenhydrate • 10 g Fett*

Pumpernickel-Schichtdessert

Zubereitungszeit: 15 Minuten • Gesamtzeit: 15 Minuten

Für 2 Portionen

- 10 g geschälte Pistazien
- 1 Vanilleschote
- 1/2 TL Steviasüße mit Erythrit
- 260 g Sahnequark (40 % Fett i. Tr.)
- 100 g Erdbeeren
- 2 Scheiben Pumpernickel (à 40 g)

Außerdem:

- 2 Gläser (à 250 ml Inhalt)

1. Pistazien in den Mixtopf geben, **2 Sekunden/Stufe 6** zerkleinern und beiseite geben.

2. Vanilleschote längs aufschlitzen und das Mark herauskratzen. Vanillemark, Steviasüße und Sahnequark in den Mixtopf geben und **10 Sekunden/Stufe 3** verrühren.

3. Erdbeeren waschen, putzen und in 0,5 Zentimeter kleine Würfel schneiden. Pumpernickel in 0,5 Zentimeter kleine Stücke zupfen.

4. Eine Quarkschicht in zwei Gläser füllen, Pumpernickel und etwas Erdbeeren darübergeben. Restlichen Quark darübergeben und mit Erdbeeren und Pistazien garnieren.

***Nährwerte/Portion**: 337 kcal • 19 g Eiweiß • 22 g Kohlenhydrate • 17 g Fett*

Honigmelonen-Kokos-Eis

Zubereitungszeit: 10 Minuten • Gesamtzeit: 10 Minuten + 4 Stunden Gefrierzeit

Für 2 Portionen

- 30 g geröstete, gesalzene Erdnüsse
- 80 g Honigmelone
- 20 g Erythrit
- 120 g Kokosmilch

1. Erdnüsse in den Mixtopf geben, **4 Sekunden/Stufe 6** zerkleinern und beiseite geben.
2. Kerne der Honigmelone entfernen, das Fruchtfleisch in Stücke schneiden und in den Mixtopf geben. Erythrit und Kokosmilch in den Mixtopf geben und **6 Sekunden/Stufe 8** pürieren.
3. Eis im Gefrierfach für mindestens 4 Stunden einfrieren. Dabei mindestens einmal pro Stunde mit einer Gabel cremig rühren. Alternativ in einer Eismaschine einfrieren.
4. Vor dem Servieren Erdnussstücke dazugeben und verrühren.

***Nährwerte/Portion:** 120 kcal • 4 g Eiweiß • 8 g Kohlenhydrate • 7 g Fett*

Frozen Yoghurt Pfirsich

Zubereitungszeit: 10 Minuten • Gesamtzeit: 10 Minuten + 4 Stunden Gefrierzeit

Für 4 Portionen

- 300 g Pfirsiche
- 1 Vanilleschote
- 1 Tropfen Orangenöl
- 1 Spritzer Zitronensaft
- 1 TL Steviasüße mit Erythrit
- 120 g Naturjoghurt (3,5 % Fett)

1. Pfirsiche waschen, halbieren, den Stein entfernen und in den Mixtopf geben. Vanilleschote längs aufschlitzen und das Mark herauskratzen. Vanillemark, Orangenöl, Zitronensaft und Steviasüße in den Mixtopf geben und **8 Sekunden/Stufe 5** zerkleinern.
2. Naturjoghurt in den Mixtopf geben und **5 Sekunden/Stufe 4** verrühren.
3. Eis im Gefrierfach für mindestens 4 Stunden einfrieren. Dabei mindestens einmal pro Stunde mit einer Gabel cremig rühren. Alternativ in einer Eismaschine einfrieren.

***Nährwerte/Portion:** 56 kcal • 2 g Eiweiß • 8 g Kohlenhydrate • 1 g Fett*

Marmorkuchen

Zubereitungszeit: 20 Minuten • Gesamtzeit: 1 Stunde 40 Minuten

Für 1 Guglhupf (12 Stücke)

- 6 Eier
- 1 Prise Salz
- 120 g Haselnüsse
- 150 g geschälte Mandeln
- 100 g Erythrit
- 60 g Butter
- 1 Vanilleschote
- 1/2 Päckchen Backpulver
- 250 g Sahnequark (40 % Fett i. Tr.)
- 1 Prise Salz
- 10 g Backkakao

Außerdem:

- 1 Guglhupfform (22 cm Durchmesser)
- Butter für die Form
- Alufolie

1. Eier trennen, dabei das Eiweiß in den Mixtopf geben, das Eigelb beiseite geben. Salz zum Eiweiß geben. Rühraufsatz einsetzen. Eiweiß **4 Minuten/Stufe 3,5** steif schlagen, beiseite geben und im Kühlschrank kalt stellen. Rühraufsatz entfernen. Mixtopf spülen und trocknen.

2. Haselnüsse und Mandeln in den Mixtopf geben, **40 Sekunden/Stufe 10** mahlen und beiseite geben.

3. Backofen auf 160 °C (Umluft 140 °C, Gas Stufe 1–2) vorheizen. Eine Guglhupfform einfetten und gleichmäßig mit 50 Gramm der gemahlenen Nüsse ausstreuen.

4. Erythrit in den Mixtopf geben und **10 Sekunden/Stufe 10** pulverisieren.

5. Butter und Eigelb in den Mixtopf geben. Vanilleschote längs aufschlitzen, das Mark herauskratzen und in den Mixtopf geben.

6. Rühraufsatz einsetzen. **40 Sekunden/Stufe 4** aufschlagen. Rühraufsatz entfernen.

7. Backpulver, restliche gemahlene Nüsse und Quark in den Mixtopf geben und **20 Sekunden/Stufe 4** verrühren. Steifes Eiweiß vorsichtig mit dem Spatel unterheben.

8. Die Hälfte des Teiges in die Form gießen. Backkakao in den Mixtopf geben und **15 Sekunden/Stufe 3** unterrühren. Den dunklen Teig auf den hellen Teig geben und vorsichtig mit einer Gabel in drehender Bewegung beide Massen miteinander vermischen.

9. Den Marmorkuchen 60 bis 70 Minuten backen. Nach 40 Minuten mit Alufolie abdecken. Stäbchenprobe machen. Auskühlen lassen.

***Nährwerte/Stück**: 263 kcal • 10 g Eiweiß • 2 g Kohlenhydrate • 23 g Fett*

Orangen-Granatapfel-Kuchen ohne Backen

Zubereitungszeit: 25 Minuten • Gesamtzeit: 35 Minuten + 2 Stunden Kühlzeit

Für 12 Stück

Für den Boden:
- 70 g Butter
- 140 g entöltes Mandelmehl
- 30 g Erythrit

Für die Creme:
- 1 unbehandelte Orange (ca. 100 ml Saft)
- 1 Granatapfel (Kerne ca. 100 g)
- 300 g Frischkäse Rahmstufe (50 % Fett i. Tr.)
- 50 g Naturjoghurt (3,5 % Fett)
- 50 g Erythrit
- 1 EL weißes Gelatinepulver

Außerdem:
- 1 Springform (24 cm Durchmesser)
- Backpapier
- 1 Zestenreißer

1. Butter in Stücke schneiden, in den Mixtopf geben und **3 Minuten/50 °C/Stufe 1** schmelzen.
2. Mandelmehl und Erythrit dazugeben und **15 Sekunden/Stufe 3** vermischen.
3. Den Boden einer Springform mit Backpapier auslegen. Die Mandelmischung darauf glatt streichen und in den Kühlschrank geben. Mixtopf ausspülen.
4. Inzwischen für die Creme die Orange heiß waschen, mit einem Zestenreißer 2 Esslöffel feine Streifen von der Schale abziehen und dann den Saft auspressen.
5. Die Kerne aus dem Granatapfel lösen; dazu den Granatapfel quer halbieren, über eine Schüssel halten, mit etwas Druck die Kerne herausdrücken und die weißen Zwischenhäute entfernen.
6. Orangensaft, die Hälfte der Orangenschale, die Hälfte der Granatapfelkerne, Frischkäse, Joghurt, Erythrit und Gelatinepulver in den Mixtopf geben und **20 Sekunden/Stufe 3** vermischen.
7. Die Masse in die Springform geben und verstreichen. Die restlichen Granatapfelkerne und die restliche Orangenschale darauf verteilen. Den Kuchen in den Kühlschrank stellen und festwerden lassen – das dauert mindestens 2 Stunden.

***Nährwerte/Stück**: 141 kcal • 8 g Eiweiß • 3 g Kohlenhydrate • 11 g Fett*

Mandelwaffeln

Zubereitungszeit: 20 Minuten • Gesamtzeit: 20 Minuten

Für 4 Stück

- 20 g Erythrit
- 60 g geschälte Mandeln
- 5 Eier
- 10 g Öl
- 1 TL Weinstein-Backpulver

Außerdem:
- 1 Waffeleisen
- Öl für das Waffeleisen

1. Erythrit in den Mixtopf geben, **10 Sekunden/Stufe 10** pulverisieren und die Hälfte beiseite geben.
2. Mandeln in den Mixtopf geben und **8 Sekunden/Stufe 8** mahlen.
3. Ein Waffeleisen vorheizen. Die Innenflächen mit Öl einfetten.
4. Eier, Öl und Backpulver in den Mixtopf geben und **1 Minute/Stufe 3** mischen.
5. Waffeln goldbraun backen und mit Erythrit bestauben.

***Nährwerte/Stück**: 230 kcal • 13 g Eiweiß • 2 g Kohlenhydrate • 19 g Fett*

Limettentassenkuchen

Zubereitungszeit: 10 Minuten • Gesamtzeit: 10 Minuten

Für 2 Portionen

- 40 g Erythrit
- 2 unbehandelte Limetten
- 30 g Milch (3,5 % Fett)
- 3 Eier
- 60 g Kokosmehl
- 1/2 TL Backpulver
- 1 Prise Salz

Außerdem:
- 1 feine Reibe
- 1 Mikrowelle

1. Erythrit in den Mixtopf geben und **10 Sekunden/Stufe 10** pulverisieren.
2. Limette heiß abwaschen, mit einer Reibe 1/2 Teelöffel Schale abreiben und in den Mixtopf geben.
3. Milch und Eier in den Mixtopf geben. Rühraufsatz einsetzen. **40 Sekunden/Stufe 4** schaumig schlagen. Rühraufsatz entfernen. 1 Limette auspressen und den Saft in den Mixtopf geben.
4. Kokosmehl, Backpulver und Salz in den Mixtopf geben und **20 Sekunden/Stufe 3** verrühren und in zwei Tassen verteilen.
5. Das Fruchtfleisch der zweiten Limette auslösen, in kleine Stücke schneiden und jede Tasse mit etwas Limettenfruchtfleisch toppen.
6. In der Mikrowelle bei 800 Watt 1 1/2 Minuten erhitzen.

***Nährwerte/Portion**: 248 kcal • 18 g Eiweiß • 5 g Kohlenhydrate • 14 g Fett*

Himbeer-Mohn-Muffins

Zubereitungszeit: 10 Minuten • Gesamtzeit: 20 Minuten

Für 4 Stück

- 20 g geschälte Mandeln
- 1 TL gemahlener Mohn
- 1/2 TL Weinstein-Backpulver
- 1/2 Vanilleschote
- 2 Eier
- 1 Spritzer Zitronensaft
- 15 g Steviasüße mit Erythrit
- 80 g Himbeeren

Außerdem:
- 1 Muffinblech
- 4 Muffinförmchen aus Papier

1. Mandeln in den Mixtopf geben und **10 Sekunden/Stufe 10** mahlen.

2. Mohn und Backpulver in den Mixtopf geben. **5 Sekunden/Stufe 3** verrühren und beiseite geben. Mixtopf spülen.

3. Backofen auf 200 °C (Umluft 180 °C, Gas Stufe 3–4) vorheizen. Papierförmchen in die Muffinform setzen.

4. Rühraufsatz einsetzen. Vanilleschote längs aufschlitzen und das Mark herauskratzen. Vanillemark, Eier, Zitronensaft und Stevia in den Mixtopf geben und **2 Minuten/Stufe 3,5** schlagen. Rühraufsatz entfernen.

5. Die Mandelmischung in den Mixtopf geben und **8 Sekunden/Stufe 4** unterheben. Mit dem Spatel nach unten schieben.

6. Himbeeren putzen, in den Mixtopf geben und mit dem Spatel vorsichtig unterheben. Den Teig in die Papierförmchen im Muffinblech füllen. Muffins 12 Minuten auf der mittleren Schiene des Backofens backen.

***Nährwerte/Stück**: 93 kcal • 5 g Eiweiß • 2 g Kohlenhydrate • 7 g Fett*

Mandel-Goji-Kekse

Zubereitungszeit: 20 Minuten • Gesamtzeit: 40 Minuten

Für 12 Stück

- 30 g Erythrit
- 250 g geschälte Mandeln
- 1/4 Vanilleschote
- 50 g geröstete, gesalzene Macadamianüsse
- 120 g weiche Butter
- 70 g getrocknete Gojibeeren
- 1 Prise Salz
- 1 Ei

Außerdem:

- Backpapier

1. Erythrit in den Mixtopf geben und **10 Sekunden/Stufe 10** pulverisieren.

2. Mandeln und das Vanilleschotenstück in den Mixtopf geben und **10 Sekunden/Stufe 10** mahlen.

3. Macadamianüsse in den Mixtopf geben und **3 Sekunden/Stufe 6** zerkleinern.

4. Butter, Gojibeeren, Salz und Ei in den Mixtopf geben und **40 Sekunden/⟲/Stufe 3** verrühren.

5. Backofen auf 180 °C (Umluft 160 °C, Gas Stufe 2–3) vorheizen. Ein Backblech mit Backpapier auslegen.

6. Mit zwei Teelöffeln 12 kleine Fladen auf das Backblech setzen und dabei genügend Abstand lassen, da die Cookies noch auseinanderlaufen.

7. Die Cookies auf der mittleren Schiene des Backofens 15 bis 17 Minuten backen und auf dem Backblech komplett auskühlen lassen.

***Nährwerte/Stück**: 243 kcal • 5 g Eiweiß • 2 g Kohlenhydrate • 23 g Fett*

REZEPTE

GETRÄNKE

AUS DEM THERMOMIX®

Aromatisiertes Wasser (Foto Seite 166)

Zubereitungszeit: 10 Minuten • Gesamtzeit: 10 Minuten + 1 Stunde Kühlzeit

Für 2 Portionen

- 1000 g Wasser
- 2 Tropfen ätherisches Limettenöl
- 60 g frische Himbeeren
- 12 Minzeblätter

Außerdem:
- 1 Krug

1. Wasser und ätherisches Limettenöl in den Mixtopf geben und **20 Sekunden/Stufe 10** mixen.
2. Himbeeren und Minzeblätter waschen, in den Mixtopf geben und **1 Minute/⟲/Stufe 2** vermischen.
3. Das aromatisierte Wasser in einen Krug füllen und im Kühlschrank für mindestens 1 Stunde durchziehen lassen.

***Nährwerte/Portion**: 15 kcal • 0,5 g Eiweiß • 2 g Kohlenhydrate • 0 g Fett*

Heidelbeeren-Mandel-Drink

Zubereitungszeit: 5 Minuten • Gesamtzeit: 5 Minuten

Für 2 Portionen

- 50 g Mandeln
- 1 Prise gemahlener Zimt
- 100 g Heidelbeeren
- 400 g Kefir (3,5 % Fett)

Außerdem:
- 2 Gläser (à 300 ml Inhalt)

1. Mandeln und Zimt in den Mixtopf geben und **20 Sekunden/Stufe 10** pulverisieren.
2. Heidelbeeren waschen und abtropfen lassen. Heidelbeeren und Kefir in den Mixtopf geben und **15 Sekunden/Stufe 10** mixen.
3. Den Drink in große Gläser füllen und sofort genießen.

***Nährwerte/Portion**: 313 kcal • 11 g Eiweiß • 12 g Kohlenhydrate • 22 g Fett*

Grüner Smoothie

Zubereitungszeit: 10 Minuten • Gesamtzeit: 10 Minuten

Für 2 Portionen

- 100 g Brokkoliröschen
- 40 g Babyspinat
- 100 g frische Ananas
- 100 g Mango
- 300 g Wasser

Außerdem:
- 2 Gläser (à 300 ml Inhalt)

1. Brokkoliröschen und Blattspinat waschen. Ananas und Mango schälen und in Stücke schneiden.
2. Alle vorbereiteten Zutaten mit Wasser in den Mixtopf geben und **1 Minute/Stufe 10** mixen.

***Nährwerte/Portion**: 80 kcal • 3 g Eiweiß • 14 g Kohlenhydrate • 0 g Fett*

Fruchtsmoothie

Zubereitungszeit: 10 Minuten • Gesamtzeit: 10 Minuten

Für 2 Portionen

- 30 g rote Weintrauben
- 200 g Papaya
- 200 g Wassermelone
- 200 g Kokoswasser

Außerdem:
- 2 Gläser (à 300 ml Inhalt)

1. Weintrauben, Papaya und Wassermelone waschen, putzen und in den Mixtopf geben.
2. Kokoswasser dazugeben und **30 Sekunden/Stufe 10** mixen.

***Nährwerte/Portion**: 99 kcal • 2 g Eiweiß • 21 g Kohlenhydrate • 0 g Fett*

Herzhafter Joghurtdrink

Zubereitungszeit: 15 Minuten • Gesamtzeit: 15 Minuten

Für 2 Portionen

- 10 g Koriandergrün
- 1 Prise gemahlener Cumin (Kreuzkümmel)
- 5 Curryblätter
- 10 g Chilischoten
- 300 g Naturjoghurt (3,5 % Fett)
- 300 g eisgekühltes Wasser
- 10 g Leinöl
- 1/4 TL Salz

Außerdem:
- 2 Gläser (à 300 ml Inhalt)

1. Koriandergrün waschen, trockentupfen, in den Mixtopf geben und **3 Sekunden/Stufe 8** zerkleinern.

2. Eine beschichtete Pfanne ohne Öl erhitzen und darin Cumin, Curryblätter und Chilischoten leicht anrösten, bis die Gewürze duften.

3. Joghurt, Wasser, Öl, Salz und die Gewürze in den Mixtopf geben und **1 1/2 Minuten/Stufe 10** mixen.

4. Den Drink in großen Gläsern servieren.

Info: Dieser Joghurtdrink kann als flüssige Mahlzeit dienen.

Tipp: Weniger scharf wird der Drink, wenn vor dem Rösten der Gewürze die Kerne aus den Chilischoten entfernt werden.

***Nährwerte/Portion**: 155 kcal • 6 g Eiweiß • 7 g Kohlenhydrate • 11 g Fett*

Mango-Joghurt-Drink

Zubereitungszeit: 10 Minuten • Gesamtzeit: 10 Minuten

Für 2 Portionen

- 100 g Mango
- 300 g Naturjoghurt (3,5 % Fett)
- 300 g eisgekühltes Wasser
- 1 Prise gemahlener Zimt (optional)

Außerdem:

- 2 Gläser (à 300 ml Inhalt)

1. Mango schälen, in Stücke schneiden, in den Mixtopf geben und **6 Sekunden/Stufe 8** pürieren.
2. Joghurt und Wasser dazugeben und **40 Sekunden/Stufe 9** mixen.
3. Den Drink in große Gläser füllen und nach Geschmack mit Zimt bestauben.

***Nährwerte/Portion**: 134 kcal • 7 g Eiweiß • 12 g Kohlenhydrate • 6 g Fett*

Erdbeer-Joghurt-Drink

Zubereitungszeit: 10 Minuten • Gesamtzeit: 10 Minuten

Für 2 Portionen

- 100 g Erdbeeren
- 300 g Naturjoghurt (3,5 % Fett)
- 300 g eisgekühltes Wasser
- 1 Prise gemahlener Zimt (optional)

Außerdem:

- 2 Gläser (à 350 ml Inhalt)

1. Erdbeeren waschen, putzen, in den Mixtopf geben und **9 Sekunden/Stufe 8** pürieren.
2. Joghurt und Wasser dazugeben und **40 Sekunden/Stufe 9** mixen.
3. Den Drink in große Gläser füllen und nach Gusto mit Zimt bestauben.

Info: Beide fruchtigen Joghurtdrinks können als flüssige Mahlzeit dienen.

***Nährwerte/Portion**: 121 kcal • 7 g Eiweiß • 9 g Kohlenhydrate • 6 g Fett*

Gemüsewürzer

Zubereitungszeit: 25 Minuten • Gesamtzeit: 1 Stunde

Für 3 Gläser

- 50 g Parmesan
- 100 g Knollensellerie
- 200 g Karotte
- 100 g Petersilienwurzel
- 100 g Zwiebel
- 1–2 Knoblauchzehen
- 100 g Lauch
- 150 g Staudensellerie
- ½ Bund Petersilie
- 1 Zweig Thymian
- 1 Zweig Rosmarin
- 110 g grobes Meersalz
- 25 g trockener Weißwein
- 1 EL Olivenöl
- 1 Lorbeerblatt (optional)

Außerdem:

- 3 sterilisierte Schraubgläser (à 250 ml Inhalt)

1. Parmesan in den Mixtopf geben, 10 Sekunden/Stufe 10 zerkleinern und beiseite geben.
2. Knollensellerie, Karotte und Petersilienwurzel waschen, putzen, schälen, in Stücke schneiden und in den Mixtopf geben.
3. Zwiebel und Knoblauch abziehen und in den Mixtopf geben. Lauch waschen, putzen und die weißen Teile in den Mixtopf geben. Staudensellerie waschen, putzen, in Stücke schneiden und dazugeben.
4. Kräuter waschen, trockentupfen, Blättchen und Nadeln in den Mixtopf zupfen. Alles **15 Sekunden/Stufe 8** zerkleinern und mit dem Spatel nach unten schieben.
5. Salz, Wein, Öl und Lorbeerblatt in den Mixtopf geben und ohne eingesetzten Messbecher **30 Minuten/Varoma/Stufe 2** garen. Dabei den Gareinsatz als Spritzschutz verwenden.
6. Parmesan in den Mixtopf geben und **40 Sekunden/Stufe 10** mixen.
7. Den Gemüsewürzer in drei Schraubgläser füllen, die Gläser verschließen, abkühlen lassen und im Kühlschrank aufbewahren.

Info: 2 Teelöffel reichen etwa für einen halben Liter Brühe. Die Gewürzmischung hält im Kühlschrank mehrere Monate.

Nährwerte/20 g (2 TL):
14 kcal • 1 g Eiweiß • 1 g Kohlenhydrate • 1 g Fett

Geflügelwürzer

Zubereitungszeit: 30 Minuten • Gesamtzeit: 1 Stunde 35 Minuten

Für 3 Gläser

- 2 große Hähnchenschenkel (350 g Hähnchenfleisch)
- 50 g Knollensellerie
- 50 g Karotte
- 50 g Petersilienwurzel
- 50 g Zwiebel
- 1–2 Knoblauchzehen
- 50 g Lauch
- 3 Stängel Petersilie
- 1 Zweig Rosmarin
- 1 Zweig Thymian
- 175 g grobes Meersalz
- 120 g trockener Weißwein
- 1 Lorbeerblatt
- 1 Gewürznelke
- 6 Korianderkörner

Außerdem:

- 3 sterilisierte Schraubgläser (à 250 ml Inhalt)

1. Von den Hähnchenschenkeln die Haut entfernen, die Beine auslösen und alle Sehnenansätze entfernen. Das geht am leichtesten, wenn man mit einem Messer das Fleisch von der Sehne schabt. Sorgfältig alle knorpeligen und knöchernen Teile entfernen. Fleisch in Würfel schneiden.

2. Knollensellerie, Karotte und Petersilienwurzel waschen, putzen, schälen, in Stücke schneiden und in den Mixtopf geben.

3. Zwiebel und Knoblauch abziehen und in den Mixtopf geben. Lauch waschen, putzen und die weißen Teile in den Mixtopf geben.

4. Kräuter waschen, trockentupfen und Blättchen und Nadeln in den Mixtopf zupfen.

5. Das Fleisch in den Mixtopf geben. **8 Sekunden/Stufe 5** zerkleinern und mit dem Spatel nach unten schieben.

6. Salz, Wein, Lorbeerblatt, Gewürznelke und Korianderkörner in den Mixtopf geben und ohne eingesetzten Messbecher **30 Minuten/Varoma/Stufe 2** garen. Dabei den Gareinsatz als Spritzschutz verwenden.

7. Den Mixtopfinhalt **1 Minute 30 Sekunden/Stufe 8** mixen. Den Geflügelwürzer in drei Schraubgläser füllen, die Gläser verschließen, abkühlen lassen und im Kühlschrank aufbewahren.

Info: Für einen halben Liter Hühnerbrühe reichen 2 Teelöffel dieser Gewürzpaste. Hält im Kühlschrank mehrere Monate.

Nährwerte/20 g (2 TL):
21 kcal • 3 g Eiweiß • 1 g Kohlenhydrate • 0,5 g Fett

Grillgewürz für Fleisch

Zubereitungszeit: 5 Minuten • Gesamtzeit: 5 Minuten

Für 1 Glas

- 90 g grobes Salz
- 1/2 TL Selleriesalz
- 1/2 TL gemahlener Cumin (Kreuzkümmel)
- 1/2 TL geräuchertes Paprikapulver (Pimentón de la Vera)
- 10 g Erythrit
- 15 g edelsüßes Paprikapulver
- 15 g rosenscharfes Paprikapulver
- 10 g bunter Pfeffer
- 10 g Knoblauchflocken
- 10 g gerebelter Oregano
- 1 Lorbeerblatt

Außerdem:
- 1 sterilisiertes Schraubglas (200 ml Inhalt)

1. Alle Zutaten in den Mixtopf geben und **1 Minute/Stufe 10** mahlen.

2. Das Grillgewürz für Fleisch in ein Schraubglas füllen und das Glas verschließen.

Info: Geräuchertes Paprikapulver stammt aus Spanien. Es wird in unterschiedlichen Schärfegraden angeboten.

Nährwerte/10 g (ca. 1 TL):
14 kcal • 1 g Eiweiß •
2 g Kohlenhydrate • 0,5 g Fett

Grillgewürz für Fisch

Zubereitungszeit: 5 Minuten • Gesamtzeit: 5 Minuten

Für 1 Glas

- 100 g grobes Salz
- 10 g gerebeltes Basilikum
- 10 g Erythrit
- 1 TL Chiliflocken
- 10 g Knoblauchflocken
- 1 TL getrocknete Zitronenschale
- 10 g bunter Pfeffer

Außerdem:

- 1 sterilisiertes Schraubglas (150 ml Inhalt)

1. Alle Zutaten in den Mixtopf geben und **1 Minute/ Stufe 10** mahlen.

2. Das Grillgewürz für Fisch in ein sterilisiertes Schraubglas füllen und das Glas verschließen.

Info: Zum Sterilisieren ein sauberes Küchentuch auf ein Backblech legen, das Schraubglas mit der Öffnung nach unten daraufstellen und den Deckel dazulegen. In den Backofen schieben und Glas und Deckel bei 100 °C (Umluft 80 °C, Gas Stufe 1) 10 Minuten erhitzen.

Nährwerte/10 g (ca. 1 TL):
7 kcal • 0,3 g Eiweiß • 1 g Kohlenhydrate • 0,1 g Fett

Süßes Gewürz für Desserts

Zubereitungszeit: 5 Minuten • Gesamtzeit: 5 Minuten

Für 1 Glas

- 1/2 Vanilleschote
- 90 g Erythrit
- 10 g Kokosblütenzucker
- 1 TL gemahlener Zimt
- 1 Gewürznelke
- 1 Prise gemahlener Piment
- 1 Prise Muskatnuss, frisch gerieben

Außerdem:

- 1 sterilisiertes Schraubglas (150 ml Inhalt)

1. Alle Zutaten in den Mixtopf geben und **1 Minute/Stufe 10** mahlen.
2. Die Gewürzmischung in ein Schraubglas füllen.

Nährwerte/10 g (ca. 1 TL)*: 4 kcal • 0 g Eiweiß • 1 g Kohlenhydrate • 0 g Fett*

Currypaste

Zubereitungszeit: 25 Minuten • Gesamtzeit: 45 Minuten

Für 1 Glas

- 12–15 getrocknete rote Chilis
- 2 TL Korianderkörner
- 1 TL weiße Pfefferkörner
- 1 TL Cuminsamen (Kreuzkümmel)
- 5 kleine rote Schalotten
- 6 Knoblauchzehen
- 2 TL Garnelenpaste
- 2 Stangen Zitronengras (nur weiße Teile)
- 1 EL frischer Galgant
- 3 Kaffir-Limettenblätter

Außerdem:
- 1 sterilisiertes Schraubglas (150 ml Inhalt)
- neutrales Öl zum Zudecken (z. B. Sonnenblumenöl)

1. Backofen auf 200 °C (Umluft 180 °C, Gas Stufe 3-4) vorheizen. Die getrockneten Chilis in eine hitzebeständige Schüssel geben und mit kochendem Wasser aufgießen. Die Schüssel 20 Minuten in den Backofen stellen.

2. Das Wasser der Schüssel abgießen und die Kerne der Chilischoten entfernen.

3. Eine beschichtete Pfanne ohne Öl erhitzen und darin Korianderkörner, Pfefferkörner und Cuminsamen anrösten. Nicht anbrennen lassen! Geröstete Gewürze in den Mixtopf geben und **1 Minute/Stufe 10** mahlen.

4. Inzwischen Schalotten und Knoblauch abziehen, in den Mixtopf geben und **3 Sekunden/Stufe 8** fein hacken.

5. Garnelenpaste in die Pfanne geben, vermischen und 1 bis 2 Minuten zusammen rösten.

6. Chilischoten, Inhalt der Pfanne, Zitronengras, Galgant und Kaffir-Limettenblätter in den Mixtopf geben und **30 Sekunden/Stufe 4 bis 9** schrittweise ansteigend zu einer glatten roten Currypaste mixen. Vorgang nach Bedarf wiederholen.

7. Die Currypaste in ein Schraubglas füllen und mit neutralem Öl zudecken.

Info: Jedes Mal, wenn etwas entnommen wird, die restliche Paste im Glas erneut mit Öl bedecken. So bleibt die Paste frisch.

Nährwerte/10 g (ca. 1 TL):
24 kcal • 1 g Eiweiß • 2 g Kohlenhydrate • 2 g Fett

Rezeptregister

Über die Autoren

Daniela und Tobias Gronau, begeisterte Besitzer des TM31 und TM5, haben ihr Hobby vor einigen Jahren zum Beruf gemacht und kochen und backen nun hauptberuflich mit dem Thermomix®. Die Blogger überzeugen ihre über 90.000 Follower auf Facebook immer wieder durch gesunde, moderne und leckere Kreationen. In ihrem eigenen Verlag veröffentlichen sie erfolgreich Thermomix®-Rezepthefte – und hinzugekommen ist ihre eigene Produktlinie »Mix&Lecker Bio-Rund-um-Sorglos-Mischungen« für die schnelle Küche.

Impressum

1. Auflage 2017

Hinweis

Das vorliegende Buch ist sorgfältig erarbeitet worden. Dennoch erfolgen alle Angaben ohne Gewähr. Weder Autoren noch Verlag können für eventuelle Nachteile oder Schäden, die aus den im Buch gegebenen Hinweisen resultieren, eine Haftung übernehmen.

Sollte diese Publikation Links auf Webseiten Dritter enthalten, so übernehmen wir für deren Inhalte keine Haftung, da wir uns diese nicht zu eigen machen, sondern lediglich auf deren Stand zum Zeitpunkt der Erstveröffentlichung verweisen.

Für das Gelingen und die Anwendungshinweise der Rezepte und Zubereitungen ist der Verlag, nicht die Vorwerk Deutschland Stiftung & Co. KG, Geschäftsbereich Thermomix, verantwortlich.

Thermomix® ist ein eingetragenes Markenzeichen der Vorwerk-Gruppe.

Bildnachweis

Foodfotografie, Foodstyling und Styling: Daniela Gronau-Ratzeck und Tobias Gronau

Illustrationen Seite 25 und 36: Nadine Schurr

Foto Thermomix (Seite 7): Daniela Gronau-Ratzeck und Tobias Gronau

Coverfoto und Styling: Maike Jessen; **Foodstyling Coverfoto:** Anne Wiedey

Fond Aufmacher und Hinterleger Rezeptfotos: Maike Jessen

Seite 8: fotolia/ monticelllli; Seite 11: istockphoto/gerenme; Seite 12: fotolia/kerdkanno; Seite 18: shutterstock/Sea Wave; Seite 21: istockphoto/AlexPro9500; Seite 22: shutterstock/Geo-grafika; Seite 27: gettyimages/stockbyte; Seite 29 und 39: Südwest Verlag/Maike Jessen

Redaktionsleitung Dr. Harald Kämmerer

Projektleitung Ann-Kathrin Kunz

Redaktionelle Mitarbeit Dr. Regina Roßkopf

Redaktion Dr. Ute Paul-Prößler

Satz/DTP
Grafikdesign Hansen – Jan-Dirk Hansen

Layout OH, JA! (www.oh-ja.com)

Umschlaggestaltung
OH, JA! (www.oh-ja.com)

Korrektorat Susanne Langer

Bildredaktion Sabine Kestler

Reproduktion Mohn Media Mohndruck GmbH, Gütersloh

Druck und Verarbeitung DZS Grafik, Ljubljana

Printed in Slovenia

FSC www.fsc.org MIX Papier aus verantwortungsvollen Quellen FSC® C112556

Verlagsgruppe Random House
FSC® N001967
ISBN 978-3-517-09672-8
www.suedwest-verlag.de